你不知道的育儿之秘系列

你知道如何培养孩子的自信和独立吗?

[德] 瑞塔·梅斯梅尔 Rita Messmer 著
邵安 译

西苑出版社
·北京·

图书在版编目（CIP）数据

你知道如何培养孩子的自信和独立吗？ / （德）瑞塔·梅斯梅尔著；邵安译. -- 北京：西苑出版社，2018.3

ISBN 978-7-5151-0633-5

Ⅰ. ①你… Ⅱ. ①瑞… ②邵… Ⅲ. ①儿童教育—家庭教育 Ⅳ. ① G782

中国版本图书馆 CIP 数据核字 (2017) 第 286435 号

你知道如何培养孩子的自信和独立吗？

NI ZHIDAO RUHE PEIYANG HAIZI DE ZIXIN HE DULI MA ?

出 版 发 行：西苑出版社

通 讯 地 址：北京市朝阳区和平街 11 区 37 号楼 邮政编码：100013

电　　　话：010-88636419

印　　　刷：三河市嘉科万达彩色印刷有限公司

经　　　销：全国新华书店

开　　　本：880 毫米 ×1230 毫米 1/32

字　　　数：173 千字

印　　　张：7.5

版　　　次：2020年1月第1版

印　　　次：2020年1月第1次印刷

书　　　号：ISBN 978-7-5151-0633-5

定　　　价：42.80 元

（图书如有缺漏页、错页、残破等质量问题，由印刷厂负责调换）

序　言

拥有幸福的人生，是每一位做父母的对初生的孩子最殷切的祝福与期望，而在成长过程中所发展出来的健康的身心以及健全的人格，将会为幸福人生奠定坚实的基础。

可是在育儿过程中，我们因为不了解而常常误读孩子发出的信号，因而提出的解决方案会在一定程度上影响孩子的发展。例如：对于婴儿的哭泣，成人常常会按照自己的理解给他们贴上“不乖”、故意捣乱的标签。但其实真相很简单，只是因为孩子饿了，困了，尿了。我们会因为不了解孩子而简单轻率地对待他们，因此导致他们错过了许多关键发展的阶段。

我二十来岁的时候，住在对门的阿姨是一位著名作家，她有很多出国、出省交流访问的机会。她家有两个孩子，大的十来岁，小的一两岁。每次出去她却选择尽量带大的孩子。一次闲聊中，她说：“小的孩子这个年纪懂什么？带她出去，她又看不懂、记不住，挺浪费的。”这里要特别说明下，这个阿姨并非重男轻女，大的男孩并非他亲生，小的女孩才是亲生的闺女。虽然我记忆力不太好，可大概源于对这位阿姨的崇拜，她的这个观点却已深入我心。等到我有孩子的时候，这句话重又浮现在脑海中，不同的是，我开始重新审视它。

初为人母的我，仔细观察着怀中这个不会说话、行动有限的婴儿，我迫切的想知道，面对这个未知的世界，在每一分一秒的时光流转中，他的内在到底发生了什么？我们这些“代际遗传”的传统的育儿经验和方法，哪些是在帮助他，而哪些却成为他发展的障碍？除了这些，我还需要为他做些什么？我还需要更多的了解些什么？为了这个被我懵懵懂懂地带到世界的小生命，我愿意倾尽全力，担负起这份被命运赋予的责任。但我更希望，我能够拥有正确的方式。

想必有缘读到这的父母都是源于同样的想法，我想这个系列丛书也不会辜负你们这趟阅读的旅程。这套书是我三年前就从德国的众多育儿书籍中发现并决定引进的，我对幼教图书的要求非常明确：它既不能是枯燥晦涩的理论说教，更不能是那种特殊极端的“牛娃”养成经验谈。在我看来，作者一定要有医学、教育学、心理等专业研究背景，文章要有大量的实践为基础，结论是有数据支撑的研究结果。而这套书籍就具备了这样的特点，它们的每一个观点都是建立在多年严谨的研究之上，都有着精确的数据和客观的实例支撑，是一套集医学、现代教育学、心理学、社会学为一体的育儿体系。

近十年的学前教育从业经验，让我有机会看到家长们和我当年相似的焦虑，更加深入地了解到了父母们真正的需求。但是图书出版市场上的育儿类书籍鱼龙混杂，作为一位有着八年出版经验的出版人以及实体学前教育机构的实际运营者，有责任为父母挑选更科学、更专业的育儿读物。这套书籍不仅提供给爸妈们可操作性的实用育儿方法，更从宝宝身心发展的各个层面深度剖析，将宝宝所呈现出来的行为、情绪等问题的原因以深入浅出的方式描述出来。

希望这套书没有辜负你们的期待，希望我们能够有机会继续帮助天下所有初为人母（父）的你们。

乔吟

2019 年 9 月 9 日

前　言

本书是一本教育书吗？当然，无论是谁，只要是有相关需求并查阅本书，必定会有所收获。本书并不是解决宝宝各种具体事件的简单妙方，而是关乎育儿的整体建议和帮助。况且它提供的不仅限于建议和帮助，还有更深层次的理解。

由此可见，本书不仅是一本教育类的书，还是一本认知类的书，其中涉及成人和儿童间的关系以及成人间的关系。它将回忆唤醒，将画面勾勒，让我们重返童年。它将我们过去各式各样遭遇中的美好和伤痛重新唤回记忆中，让置身于其中的我们意识到，即便在对自己孩子的教育中或是我们间的关系中有所“失误”，我们也无须感到内疚。因此，我将其视作一本“轻松的”书。此处的“轻松”并不是与“沉重”相对的“轻松”，而是指这是一本按照以下意思提供建议的书：这一次我们不谈问题，仅谈自身。

这是一本提供关乎整体的建议和帮助的书。作者认为这一整体并非是由所有问题堆积起来的支离破碎的瓦砾，而是我们自己，包括我们的经验以及相互间的关系。如果我们将目标锁定在关注人类自身，而非问题本身，便会发现更为广阔的自由。那种自由可以影响人与人之间的关系，在儿童教育中首先影响的是年轻母亲、父亲和幼儿间的关系。我们并非自身文化、文明以及社会的牺牲品，我们完全可以克服那些身上打下的烙印，重新开始塑造周边的所有关系。

就我而言，这是一本由一位“古道热肠”的母亲撰写的书，而且是一本生动有趣又充满正能量的书。本书是对传统和权威的一次挑衅，它来源于日常经验，而非理论研究文献。之所以说其“离经叛道”，不仅是因为它的来源不同，还因为它质疑了前辈们相当多的教育和行为准则，那些我们如今认为理所应当应该继承的东西。因为它鼓励着父母和孩子一起走自己的路，而非屈服于陈规和旧观念（这些东西常常受商业性的考虑影响）。这就是瑞塔·梅斯梅尔著作中所传播的自由。倘若这一自由为我们所用，便会传递到我们的孩子身上。

尽管这是一本教育类的书，但若我们现在发现其中的非凡之处，便会对教育这一概念有了新的理解。它不是我们通常理解的对孩子严格要求的驯服措施，而是父母与孩子彼此尊重、关爱和温情友好的交往之路。

伍迪·维尔特顿

引 言

我的孩子，我因你而惊奇不已。我从未忘记这种惊奇，从未丢失这种敬畏。大多数父母在孩子出生之时就拥有这份敬畏感，这种惊奇和敬畏，就是我撰写这本书的原因。这是爱的演说，是对孩子的理解，更是对育儿之路的理解，而这些努力使得代际之间能够交流得更顺畅，更好地相互理解。

本书主要的讨论点在于探讨出生第一年的经历，这段经历在多大程度上影响孩子终生的身心发展。今天的婴儿护理使得我们常常不自觉地妨碍了一个自然培养的发展过程，以至于在之后的教育上时常出现纷争，而这原本是不必要的。我意在指明，孩子天禀聪颖，我们如若知道如何唤醒和利用他们的天赋，便能使其更好地发展。因此，作为家长，我们可能对孩子的发展作出决定性的贡献，但也可能阻碍他们的发展。

我发现在这个时代，某些东西发生了改变。这一代年轻人中发生的暴力事件、权力追逐、兴趣丧失、价值观更迭、消费态度转变、追求名牌等，这些都是时代现象，应当引起我们的注意，并且寻找一个崭新的、美好的开始。

我在自己的培训课上屡次碰到年轻的家长，他们孕育了盼望中的孩子，意在精益求精，但不久这些家长便茫然起来，不知道下一步该做些什么。专制教育的时代已经一去不复返，反对专制的教育也并不适用，那么，如今应当采用什么样的教育方式呢？伙伴式的教育方式多次被采用，但这种教育方式因为并未在孩子身上设置明显的界限，往往也以愤怒和失望收尾。很多时候，父母们以爱为名做错了很多事，并且在他们失望、疲惫、无力之时，会本能地回归到以往的教育方式中。他们会继续采用祖父母、姨（姑）祖母、姨（姑）祖父的建议（“我们不是说过了吗……”），这样一来，诸如此类的压力和建议便继续投入对孩子的教育中。陈旧的家族教育理念重新启动，我们又仿佛重回魔鬼的怀抱。养育孩子的过程好比种树，我们要保护好根部，照顾其健康有力地生长，像防治虫害或防止树木长歪那样，为孩子日后的成长省掉很多麻烦。这样植物也不会慢慢枯萎，更不会结出变质的果实。

如今，社会往往将孩子的过错归咎在母亲的身上，甚至认为她们应该对青少年身上发生的状况负有责任，这种说法毫无意义且有违实情。影响孩子成长过程的因素很多，父母教育仅是其中一个。父母可以尝试为孩子创造一个好的开始。在孩子的成长过程中，他们将面临各种不同的环境和状况，这些人或事的出现和发生，都将对他们的性格产生影响，例如孩子在兄弟姐妹里的排行，是否拥有好老师，以及是否生活在城市公寓或是花园洋房等。除父母的影响外，孩子天生的性格因素也很重要。每个孩子天生就有自己的意志和个性，我们对此必须尊重并将其考虑到教育中去。一个敏感的孩子会对外部的影响作出完全不同于其他孩子的反应，这些外部的影响对这个敏感的孩子来说是极具影响力的。在此，作为父母，我们应该尝试用理解和爱来对待孩子，这是教育产生效果的有力支撑。但在此过程中，我们无须施加直接的影响，孩子的路最终必须由他自己来决定。

本书仅仅想要讨论影响教育因素的一个方面，即家庭出身这个重要的因素。本书指出了我们作为父母可以使用哪些方法对我们孩子的成长，尤其是一岁期间孩子的成长产生有利的影响，以及尽可能给予孩子更多的帮助，这对他未来的成长大有裨益。其他的一些会对孩子产生影响，也会经常给我们的工作造成困扰的因素并非为我们讨论的重点，因而在此无须争辩其重要性。本书意在给予母亲们勇气，同时鼓励她们遵从自己的感受。随着第一个孩子的诞生，母亲们的生活节奏会发生剧烈的变化，然而，并不是每一位母亲都能毫不费力地经受住这一考验。她们会突然感觉生活的压力达到了自己的极限，孩子常常不给母亲们喘息之机，这难免需要她们永远冲在最前面。很多母亲会因此产生“心力交瘁”的感觉，并深感难以承受。因此，母亲偶尔也会对孩子产生消极情绪，这是很自然的事，应该尊重她的感受。但这并不表明，她是一位糟糕的母亲。

尽管下文中时常提及一位全天候照顾孩子的母亲，但这并不意味着我反对母亲们外出工作。相反，我在自己的课程中一直尝试支持她们自己的决定，无论她们愿意继续全职工作抑或是兼职工作。我一再看到，当一位女性在家庭和孩子之外还有其他的事情可做时，这对她自己和孩子来说均益处多多。间或代由其他人精心照料对孩子来说并没有什么坏处，从另一个层面讲甚至是对自我生活的一种充实。为了方便起见，下文中所提及的母亲们的工作，对于其他的看护人是完全一样的意思，特别是父亲，但同时也包括姨妈（姑姑）、（外）祖父母、日托保姆或其他一直照管孩子的人。此外，我也十分提倡母亲或者父亲们可以更多地将孩子带到工作场所。通常，这只是一个容忍性的问题，而非可行性的问题。当然，我知道很多父母很高兴工作期间“没有孩子”，毕竟那是工作场所，要做一些与家庭中迥然不同的事情。

如果孩子是由多人照料，那么我的某些建议可能比较难以实施。但孩子因此能很快学会区分照料自己的人，并能很快适应这种比较复杂的情况。如若（外）祖母对此有所顾虑，认为复杂环境会不利于孩子成长的话，她们的感受也应被认真对待。不过，母亲们也无须担心，孩子不会因此有任何损失，他们会在自己身上学到先前遗漏掉的东西。

最后，我想给出一个简单却有效的建议：在教育中，永远不要忘记保持些许的幽默感。如果您能做到用幽默向孩子传授些东西，那么您不仅将收获他的笑容，还能向一个更幸福的世界迈进一步。

目 录

目 录

目 录

目 录

1

四项前提和一个问题

- 自然教育法
- 自我责任感
- 理解力
- 信任感
- 传统的模式

1.1 自然教育法

婴儿身上的一切都是他们生存下去的必需品。我们必须唤醒或激起他们的天赋，这样他们才能实现自我发展。因此，本书提及的行为调查和原始部族（土著），其中印第安人尤为值得一提。他们中的一部分族群仍然一直和自然保持着友好和谐的关系，孩子更是如此。另外还包括爱斯基摩人和澳大利亚原住民。简而言之，居住在我们这座星球边缘地带的原住民，都同他们的孩子维持一种良好纯洁的关系，这些关系在一些方面惊人得相似。一般来说，他们向孩子表示了极大的宽容、接纳、理解和爱，专制的行为是不为他们所接受的。由此可见，**孩子易合作、适应社会的天赋与生俱来，我们可以通过榜样和自然友爱的教育方式将它唤醒。**

我参阅了有关这些孩子平稳度过青春期的信息和阅读材料，它们促使我重新对教育作出思考，并对我们传统的教育方式持有了批判的态度。同时，这也引出了一个问题：

这种教育方式在多大程度上影响了我们的社会？

在这一点上，心理治疗师珍·莱德罗芙关于耶夸纳部落印第安人[1]的报道令我印象深刻，深受启发，对此我深表感谢（此篇报道名为《找回失落的爱与幸福》）。

1 生活在南美洲的印第安部落。

1.2 自我责任感

我们生活在一个有缺陷的社会，人与人之间相互推诿。就拿疾病防治这件事来说，大多数人疏于对自己身体的照料，而是将自己的健康托付于中意的专业医院、行医者或是祈福治病者。我们的孩子其实也几乎得不到任何承担责任的机会。**自我责任感**会使我们变得独立，教会我们成为独立的人，我们要为自己和环境承担起责任，并且在一个各司其职的社会网络中承担责任。

我们应当教育孩子从小对自己和自己的所作所为负责，这样作为有自我意识的个体，他们才能掌握自己的人生。由此，孩子们决定自己的人生，不为某个机构所摆布，也不迷信于权威。然而，常见的情况是：父母、老师以及上司总是强行规定了应当做的事。一个受过独立教育的孩子不久便会在生活中学到“**失之东隅，收之桑榆**”的道理。他在人生之路上会懂得负责且自觉、自愿付出原先被允许获得的东西，也不再昧着良心做事。这个孩子还会学到为自己和环境负责，谨慎行事。

我将在下文中着重指出如何通过自己的行为要求孩子自己承担责任。

1.3 理 解 力

当孩子们愤怒、叫嚷和反抗时，他们会觉得大多数家长也都具有攻击性，继而转向反攻或者采取一种反抗的态度。这是因为我们常见的教育中过多出现了胜利者和失败者这两种对立的个体。我们应该做的不是在这一类冲突中浪费精力，而是将精力投入到寻找解决方法中。通过一种与常规教育完全不同的方法去帮助孩子，该方法使得他们能够积极地解决问题——这不仅仅同家庭当下面临的困境有关，更与未来更加复杂的世界有关。

孩子们的“不良行为”通常源于先前受到的精神创伤。在这种情况下，孩子们需要帮助，他们的行为是对爱和理解的呐喊。倘若我们因此采取针对这种行为的措施，那么常常会加深这些问题的严重程度。传统的反应方式、思维模式的对立部分却常常是正确的。它将感情用言语表达出来，这样一来，用接纳而非压制的方式反而能更快地消除孩子的负面情绪。**向孩子表达理解和爱，让他 / 她对自己负责，而不是一直预先规定一切、纠正一切以及命令一切。**接受孩子成为一个具备自我意志的独立个体，学会去爱他们。用这样平等而理解的方式和孩子交流共处，会让他们本能地体察到自己的喜恶。因为他们天生脾气很好并且爱合作，所以在教育过程中完家长全可以不用生气，孩子只有在不顺意中才会变成叛逆者和麻烦制造者。不合适的教育唤醒了孩子的反抗，我将尝试在本书中解释这会如何演变成一场恶性循环，并展示解决这一问题的方法。

然而，反抗和抵制并不总是“教育错误”的结果。在反抗中，孩子寻找着自己的极限，即便是受温柔教育长大的孩子也是如此。

对于孩子的成熟过程来说，这一行为是正常且必要的。一个坚强且热情的孩子也许会抵制自己变得更坚强，这可能是因为他们的看护者更想拥有一个偏柔弱且安静的孩子。这一阶段对于双方来说都很重要，我将在下文中继续探讨。

1.4 信 任 感

对我来说，唤醒宝贝们信任的能力至关重要。婴儿们能够做到和理解到的事情远远超出我们的想象。假如我们在宝宝生命的第一年做得足够好的话，就不会在之后的岁月里用加倍的力气去修正之前所犯的错误。

比如，我们坚信，婴儿在出生后不久，当他 / 她趴在母亲的肚子上时，便知道用嘴含住母亲的乳房并开始吮吸。他 / 她是从哪儿知道乳房是可以且应该吮吸的？没有人向他们指示或是说过，即便如此，他 / 她还是知道自己该怎样做。他 / 她唯一需要的刺激是：寻找母亲和贴近乳房。

第一年里，婴儿只要接受了刺激，就会表现出相应的反应。我们为其提供的仅仅是一个机会，**要相信他 / 她的理解能力，相信其凭借本能作出的正确行为。**

我知道婴儿对我们所建立起来的信任并不是一蹴而就的，在育儿的过程中，太多旧的养育模式阻碍了我们。为人父母的恐惧感虽然不能轻易克服，但接受或尝试新事物从什么时候开始都不晚。你可以在与孩子建立彼此信任的基础上帮助孩子获得自信，但不可操之过急。如果在陪伴孩子成长的过程中，我们有能力给予孩子们需要的东西，那么便会为孩子拥有更好的未来奠定基石。祝愿本书的读者拥有这个好运！

1.5　传统的模式

就像地球围绕太阳转动一样，我们每个人都携带着我们所储存的认为安全的模式，每一个人在其自身成长过程中接受过的任何方面的教育都会对他产生持久的影响。我所携带的教育模式，不论我是否愿意，都会转移到我孩子们的身上。我越是情绪化地行事，有时候那些我自己都反感的模式就越会出现。在压力、怒气或者敌视之下，我也无疑会条件反射地重复这种模式。大脑在情急之下，会处于关闭状态，这时人们的任何决策结果均是由潜意识决定的。从某种层面上说，**大自然天生就赋予人类这种终生携带从原生家庭获取的旧的经验的能力，但令人遗憾的是，人类携带下来的往往是负面经验。**

在与父母一起成长的所有日子里，我们学习、工作、旅游，还做了许许多多的事情，它们汇聚在一起形成某种模式，潜藏在我们的身上。之后的日子里，我们结婚，同伴侣生活在一起，最后生出了第一个孩子。然后，你会常常从伴侣那里听到一些针对孩子的各种表达，诸如：

“我已经和你说过了，并且已经说得很清楚了……”

“当心啊……”

“这事我可饶不了你……”

“我警告你啊……”

“等一下，我可得狠狠教训你一下……”

“打你屁股了啊……”

这里仅仅是举了几个常见的例子。对于婴儿来说，当信任的人的面部表情以及眼神显得陌生并且充满敌意时，这种陌生感如同我们的一位好友突然表现出一种陌生的表达一样令人震惊和惊讶。人们也能从自己身上忽然觉察到同平日完全不一样的表达，这是来自自己童年时代经历中的某一部分。当我在某一天突然发现丈夫表现出来令人完全陌生的一面时，我深感震惊，但可以断定的是，这种现象一定来自他的父母，而这一切也同样源于我丈夫的祖父母，他们又受到了曾祖父母的影响，继而这种影响便会代代传承下去。

由于各学科的迅速发展，我们开始逐渐深入了解这些代际传承的教养模式，只有分辨出它们背后的原因，才能尝试着去改变它们。只有不加思考就吸收那些空话、套话的人，才会继续沿袭老一套的模式行事。那些在陈旧教育模式背景下成长的人，必定会在一生中承受由此带来的负面影响，就如同得忍受童年时期由此所引发的那些痛苦的遭遇。沿袭着陈旧教育模式的父母并不懂得张弛有度地运用教育的方法和手段，他们会命令已经吃撑的孩子必须把盘子里的东西吃完，或者用圣诞老人利诱、强盗小偷等恐吓孩子，更不要说那些被广泛使用的惩罚性的不许吃饭、关小黑屋等手段了。倘若父母虐待自己的孩子，追根溯源，他们也曾被这样对待过。因此，他们自己更需要帮助，除了具备应对自己状况的能力之外，还能因为自己的改变，教育他们的孩子成为平和友善的人。因此，清醒地认识到自己的童年是非常重要的事情。

我们应该反省：
自己是被怎样的方式培养长大的，又受到哪些教育模式的影响？
我反复听到的是哪些老套的句子？
我被高声咒骂过吗？
我又是何故在何地以何种方式被体罚？

我们不应简单地感情用事，而应该明白自控能力、自觉能力以及思考能力对于自己独特的教育方式而言有多重要。如果我们在自己身上发现了一些一样的模式，就应当对它分析、思考。此外，这也需要对自我严格要求的特性，这样才能摆脱那些我们在童年时代像海绵一样被吸收，现在却想迫切地抛入大海永不再见的东西。但做这一切是值得的。我们携手相伴走过这条陪伴孩子的路程，不再用争吵和家庭战争的方式浪费这段极其珍贵又令人振奋的人生之路。

2

大自然的未雨绸缪

- 教育，从出生抓起
- 脑部的发育
- 在爱中成长
- 可以溺爱孩子吗

胎儿独自在母体中孕育成熟，他／她在出生时也会积极地“协助”我们，出生之后肺部开始扩张（第一声啼哭之后），肺循环活跃起来。这时，新生儿会立即找寻母亲的乳头并开始吮吸，而母亲也会对他们的这一行动再次作出反应：分泌初乳，即母体生产后两到三天所分泌的乳汁，已经准备充足。初乳营养丰富，为宝宝提供了抵抗力。母亲很快就已泌乳，母乳的成分可以满足新生儿所需要的多种营养。母亲和孩子相互配合起来，她尽可能多地为婴儿提供所需的乳汁，并根据需要减量或是加量。当婴儿感到有饿意，开始哭闹时，母亲身上便会出现“溢乳反射”——进行激素调节，乳汁开始溢出。一些极其敏感的母亲甚至在另外一间屋子里也能感受到婴儿的饿意，继而开始泌乳。母亲和孩子之间保持的紧密联系对于溢乳来说十分重要。比如，我们知道，早产儿的母亲在分泌乳汁时，如果她同时注视着自己的孩子，溢出的乳量会更充足，乳质也会更好。

瑞典著名摄影师伦纳特·尼尔森在其精妙绝伦的插图书籍《一个孩子的诞生》中描述了趴在母亲肚子上的新生儿是如何在半个小时内摸索到她的乳房的：“行进”途中，他精神抖擞、斗志昂扬，终于凭借着双眼捕获到了母亲的乳头，将其含住并开始吮吸。在目的达到之前，这一行为都不会结束。

母亲在哺乳时会分泌所谓的母性激素，即催乳素，正是它在母子之间架起了一座联系的桥梁。母亲会萌生出关爱之心，照顾孩子的需求。哺乳这一行为的重要性不仅体现于营养层面，还能在母亲的心理层面促进母性关怀，而孩子恰恰依赖于此。以前的孩子在一出生时就被抱进育婴室，每隔四小时才被送到母亲身边哺乳一次，所以，对于这些母亲由此产生的糟糕的哺乳方式，我可是一点儿也不觉得吃惊。因为母子间没能自一开始便保持着一种和谐互动，所以短时间后，母乳会出现枯竭现象。母子间的良好关系之所以相互产生，是因为一方面，母亲照料孩子的时间越多，婴儿同她的联系就越多，注视她的时间以及建立的基础信任感也就越多；另一方面，母亲在注视、照料婴儿时，催产素和催乳素便会分泌出来，这就又促进了溢乳和母亲关怀的行为，母子间的情感联系通过这种方式得到加强。所以说，这是一种良性循环。

婴儿的成长依靠与其父母之间稳固的依附关系。倘若父母不予以重视，该关系将出现问题。研究证明：如若母亲离开孩子，一岁孩童唾液中压力激素（皮质醇[2]）的浓缩程度便会大大升高，之后，即便母亲重回他/她的身边，长时间内压力激素仍会处于上升状态。

> 卡尔·海因茨·布瑞什医生是慕尼黑大学的一名兼职讲师，他提道：“出生第一年里形成、发展的依附系统会为我们一生所用。大量的长期研究证明，我们自身常常会保留的一种不安全的依附模式，恰恰来源于生命最初的时刻。”

遗憾的是，大多数人总是将婴儿时期想得过于简单，认为孩子的问题通常是在日后才会产生的。然而，问题的出现好比植物的生长，它们在童年时期就已经萌发出一株株嫩芽，日后便会结出果实。孩子在一岁时已经拥有了决定性的经验，他/她在这一时期牢

2　亦称“氢化可的松”。

记我们的世界、我们的模式，同时受到我们的影响。现在，这个“新人”用精神、心灵、大脑甚至周身的一切体察着整个世界，并将所有感觉储存起来，与我们相伴终生。此后，可能会出现两种情况，即这些感觉要么屡次阻碍我们，要么给予我们力量。通过潜意识，我们可以随时召回这种当初储存起来的模式。每当我们出现心不在焉、冲动行事、马虎莽撞、无法自控或是为压力所迫的情况时，潜意识便会调动起这个“硬盘”（即储存起来的感觉）。当然，之后还会对此稍做修正，不过随着年龄的增长，我们会不断地进行修正，这样原始数据便受到影响。

2.1 教育，从出生抓起

教育就是我们同孩子们一起行动。因此，它自出生起便开始了。

让我们从头开始捋起。今天，大多数孩子的出生是在预期之中的。为了适应孩子的存在，我们无所不用其极，例如参加育婴讲座。怀孕期间，母亲注重自己的健康管理，食用维生素丰富的食物，在清新的空气中锻炼身体，并且尽可能地远离酒精和尼古丁。母亲也会进行预防性检查，挑选生产的医院，要求一切安排妥帖，说服自己信任产房和助产士，有些人甚至会作出在家生产的决定。伴侣也会陪着准妈妈上产前准备课，这有助于产妇调节呼吸、放松身心。他们一起因腹部隆起的曲线而兴奋不已，隔着皮肤，感受着胎儿的脑袋及四肢。当胎儿打嗝或是表现出其他生命迹象时，父母别提有多高兴了。即便胎儿在肚子里敲击肋骨，母亲也能镇定自若地忍受。就连婴儿房都是满怀爱意精心布置的，并早早地准备完毕。我们怀着愉悦的心情期待着新生儿的到来，心想着：一切都准备好了，宝贝，现在可以出生了！

我们关心宝宝，为他／她的出生做好了准备。然而，大家对于新生儿的了解程度又有多少呢？

他／她感受到了什么？又如何听见我的声音？

他／她是否听见我的话语、我的歌声，听见我在同他／她说话？他／她理解我吗？

他／她能否体察到我的心情、动作、作息、不安以及恐惧，但同时也能感受到我的平静和信心吗？

最重要的是，他／她知道我的喜恶吗？

其实，未出生的孩子已经开始信任母亲，并同母亲建立起一种特殊的关系。如果一开始，孩子就受到欢迎并且在父母的计划之中，那么，这便是再幸运不过的事儿了。由此，我们可以和孩子建立最初的信任感，为日后一家人和谐的生活奠定良好的基础。然而，母亲在其孕期和生育后的一段时间内，内心常常会产生矛盾，她不确定自己能否应对孩子的要求，对于自己是否会喜爱孩子，她也会产生怀疑。这些感觉都是完全正常的，母亲无须对此感到担心。最终，她的生活将面临一个重大的突破，情绪将为各式各样的突发情况所控。内疚感是这条育儿道路上糟糕的陪伴者，它对孩子和母亲的伤害远远超出了人们的想象。幸运的是，孩子们能够同所有可能发生的情况融洽相处，几乎不受伤害地做好适应人生中各种情况的准备。

出生之时，为了确保所有个体都能尽可能地生存下来，大自然未雨绸缪地做了许多重要的铺垫。在这一进程中，母亲的责任相对较轻，妇科医生肩负了重要的责任。现在，是他们为孕妇和胎儿作出抉择的时候了——什么该做，什么不该做。慢慢地，我们察觉了过去犯过的一些错误，开始予以纠正。然而，涉及出生护理，我们仍需要竭尽全力地认真学习，这对于母亲和孩子来说都是有益的。

出生的那一瞬间无法用言语描述，只能说发生了许多美妙的事情。新生儿凭借着它所有的感官，尤其是皮肤、耳朵和眼睛，尽情地感受着整个世界。其中，皮肤的感知作用最为重要。作为这时最敏感的感觉器官，它极易可能受到周遭一切的影响。截至此刻，母亲已经拼尽全力照顾起这个小生命，她立即将其抱在怀里，紧贴着自己温暖的肌肤。小生命由此感受到了同呼吸、心跳一样值得信赖的活动和声音，他 / 她的皮肤也得到了轻柔的抚摸。贴着母亲的腹部，他 / 她可以听到信赖的声音，脐带在搏动终止之前不会被切断，这种欢迎方式（拥抱）对于婴儿来说十分受用。继而，某种“联系”（对信任之人的关系和连接）出现。现在，新生儿同母亲缔结了“合约”，这一过程对于母亲来说同样重要。与此同时，母亲也同孩子签订了她的“合约”，通过这种方法确保了孩子良好发展的生存基础，从心理上让孩子感受到他 / 她将受到体贴且负责的照料。父亲所扮演的角色当然也很重要，他同婴儿之间也缔结了一项“合约”，不过，这项“合约”往往不如与母亲签订的那般紧密。研究证明，剖宫产手术后，如果父亲最先爱抚和照料新生儿，那么相较于母亲，孩子对父亲产生的好感更多。

出生第一年就为余生打下了重要的基础。宝宝获取了他 / 她对这个世界最初的印象，拥有了对这个友好或好斗的世界的理解或不理解、爱或恶的初始态度。这一影响将伴其一生，在生命中不断地展现。

2.2 脑部的发育

> 生物化学家弗雷德里克·韦斯特在其《思考、学习、遗忘》一书中写道："直至出生之时，人类的脑部才被极大地训练起来。余下的细胞及其固定的神经连接则在出生后的前几周和前几个月内才形成。这样，脑部的发育才能真正地完成。"

脑部发育需要三年左右的时间。然而，这并不意味着大脑自此不再学习，停止进行神经连接。不过，脑部的轮廓至此基本组建完成，所有生存所需的"脑部装备"在那时已经全部安置好了。之后，通过多次连接，装备得以继续完善。即便年岁渐长，大脑也会保持该有的活跃程度，学习能力亦是如此。如何感知世界并同其相互影响，这一关键基础在宝宝三岁时便已奠定。当然，我们早已缺失了当时的印象。通过第一次倾听、第一次感受、第一次闻嗅、第一次品尝以及第一次摸索，我们获得了一些早期的信息，它们同遗传信息极为相似，被储存进我们的潜意识中。这些信息随时可被调出，较之有意识的回忆更为安全。所以，婴儿时期就已经形成的细胞，在之后的岁月里仍在发挥着它们的积极作用。一般而言，大脑很有可能对生命之初环境中的一种声音、母亲的气息、母乳的味道进行储存分类，必要时也会再次检索并将其调出。不过，内部基础轮廓的形成是一切的必要前提。它由一张网制成，其中交织着无数个紧密的、神经连接的组织纤维。日后获取的信息亦可从该网中调取并得到巩固。

早在出生前，基因和遗传信息就决定了它们同上述网络中的一个部分连同其神经进行连接。通过脑细胞分裂、增殖以及同交织成网络的神经纤维建立联系，余下部分则在出生后的几个月内形成。细胞会根据感知到的周围环境进行多样分裂，生长成不同的类型，令人惊叹。前几个月里，婴儿通过倾听、感受、品尝和观察而感知到的事物会直接呈现在脑中，更确切地说是在细胞间的紧密连接中。这是人类生命中唯一一个外界事物会直接对大脑产生影响的阶段。从出生后的第三个月开始，脑细胞几乎不再增长，神经连接也不再紧密。美国耶稣会教士库内尔曾公开表明：**出生后的前几个月对于人的脑组织的发展具有决定性的作用。**后来的研究证实：**外部的事物可能会直接影响到人体结构。**

诺伯特·赫舍科威茨教授在其《聪明、好奇、精力充沛：站在新世界的门口》一书中写道："出生第一年间，婴儿的听觉系统得到了迅速的发展。三个月左右时，婴儿听觉皮质中的神经元数量最多。这时，其视觉皮质中的神经元数量开始减少，余下的神经连接则变得更为高效。"

婴儿会事先组建过量的神经纤维，以便于日后进行减量。由此，大脑于质量而非数量意义上变得更为高效——这里引用一句改编的格言："好豆子放进盆里，坏豆子吃进嘴里。"一项动物实验清楚地表明了，外部的影响会激发脑细胞挑选出某些细胞作为连接对象。经实验证明，出生后的头两个星期，大鼠幼仔脑部视觉中心中的神经细胞同其他神经细胞之间具备了约十四项联系。众所周知，大鼠出生时看不见任何东西。当它们睁开眼睛时，便会开始快速地发育。两周以内，每个细胞的神经纤维数量便会上升至八千余个。而当人们用绷带蒙上大鼠的眼睛，直至它们什么也看不到时，这一外界变化所导致的脑内纤维数量便会下降。数天后，人们拆开绷带，此时可以确定的是，大鼠想要看清楚的欲望再也无法补救，它会一直处于失明状态，因为这个阶段是其视觉发展的敏感期，如果错过，就完全无法挽回。在此期间，感觉本是可以通过视觉印象得以确定和连接的。对于人类而言，**如果新生儿由于某种原因无法或者接受不到足够的视觉印象，那么出现终生视力障碍的情况也相当普遍。**（我必须就此说明，这句话在接下来的章节里还会不时地提到，虽然这一研究结果无法简单地转用在人类身上，涉及人类，它们终究没有类似的证明，但是，这仍可以作为证据为我们所用，就像某些生物进程可被解释那样。）此外，令人惊讶的是，出生之后对于外界较为激烈的反应会在大脑中被深刻地“记录”下来。那些在出生第一周里就承受压力考验的大鼠，较之其他“无压力”的同类，能更好地处理压力情况。由此推论出：**出生后的第一周内，我们的学习能力十分强，这些学习结果也对未来具有决定性的影响。**这样我们便能解释，为什么一些原始部族在婴儿出生后不久，便对其施加某种程度的影响。例如，耶夸纳部落的印第安人会每日将孩子们的腿浸到湍急的水流中，以此教导他们与水打交道。这种行为使得孩子们日后撑筏时，无须涉水便可以毫不费力地从一根木筏到达另一根木筏。由此推断出，这些在困难或冲突中出生并长大的孩子，只要他们本身受到过悉心照料，便能鲜少受到伤害。

在我的朋友圈里，有这样一对夫妻。他们经常争吵，时而分居，时而和好。斗嘴和打架的戏码常常在孩子们眼前上演。即便如此，孩子们并无出格举动，他们和一般的孩子一样正常、友好、乖巧可人。这是因为他们自己正体验着一种友爱且关怀的环境。这一猜测显而易见，在还未出生时，父母的行为已经被胎儿视为常规，所以某种程度上胎儿已经对此做好了准备。对于孩子来说，倘若争吵从出生半年后才开始，那么他 / 她极有可能对此作出强烈反应。游牧民族的孩子一直处于东奔西跑的状态，时时刻刻都需要适应新的环境。他们无法挣脱这种环境，以至于将其视为常规，继而平静地接受。与此相反，生活在稳定环境下的孩子，出生后头六个月的活动范围仅限于自己的房间。那么之后即便只在（外）祖父母那儿待上一夜，也会对变化心存恐惧。**出生后头一周，我们会屈服于固有的、决定性的，甚至是事关终生的影响**（就像在动物界常发生的那样）。大自然对此做好了准备，它确保了脑部的神经连接，使我们尽可能地同周围环境友好相处。我们不仅无法改变这个既定的环境，而且还要适应它。

婴儿对其周围环境的摹写恰恰出现于第一个相对被动的时期。这些通过感官接收的画面不可逆转地塑造了其脑部结构，并固定为基本模式，由此衍生出一种深刻的影响。基础网络得以安置，以至于日后其他的信息几乎无法进行“连接”，而是沿着这条网络被储存在编织好的记忆中。我们可以借鉴计算机术语，将这些后来的储存内容称为“软件”。反之，将胎儿时期、出生头一个月以及敏感阶段的人体结构连接称为“硬件”。新生儿出生的时间和地点决定了其第一批感觉，同时这两项条件也构成了孩子脑部的不同基本模式，确切地说，这在孩子还毫无意识时就已形成。上述的条件具体包括噪声、声音、声调，寒意、暖意，母亲皮肤的感觉、她的气味，其他例如血、羊水的气味，重力感、降落感、一直怀抱的感觉、出生的感觉，光线、自然光、人造光、柔光、黑暗，活动，躺在母亲温暖、起伏的皮肤上，听着她令人信赖的呼吸声或者一动不动地躺在安静的小床上。

出生于原始森林中的孩子不同于大城市的孩子，他 / 她形成了一种不同的基本模式。出生后以及头几个月的印象“连接”十分重要，由此父母可以理解并正确解释婴儿的行为，尤其是恐惧行为。

如果母亲在孩子出生后不久或是在孩子六 / 九个月大时就已开始工作，那么，即便只有很短的一段时间，她在将孩子托付于他人照顾方面也会做得很好。这样，婴儿便会储存一些印象，他们会认为不仅父母能使自己幸福、满足自己要求，其他的照管人亦能做到。反之，如果母亲在婴儿六个月大时还独自照顾他 / 她，那么婴儿便会对其位置变动以及照管人的转变作出恐惧反应。婴儿受到的陌生照管越多，父母对其产生的影响就越少。由此观察，如若婴儿在出生后，每天于婴幼儿教育机构待上十个小时，那么教育工作者便会成为其主要依附人。接孩子时常常出现这种情况：小孩会紧紧抓住日托阿姨或是呼喊老师，几乎不会向母亲寻得安慰。各种外部变化都会对婴儿的依附行为产生决定性影响。

医师、儿童精神病医生玛丽·迈耶尔霍夫在其《人格的早期特征》一书中写道：“较之从一开始便能从各种苦恼中寻得安慰并发展出基础信任感的孩子，那些体察到危险以及恐惧的孩子更早认生，但也更加坚强。所谓的‘八个月恐惧’会发生在六到九个月大的孩子身上，只是强度不同罢了。根据我的经验，这取决于孩子接触陌生人的时间和频繁程度，以及母亲同他人相处时感受到的安全程度。”

2.3 在爱中成长

正常情况下，对于父母本能懂得的一些东西，科学家也必须再次予以证实。在嘈杂的实验室中，科学家们在大鼠和小鼠的身上探寻爱、好感、肢体上照料的重要程度与小鼠成长之间的关系。实验显示，如果鼠妈在出生之时舔舐鼠宝，鼠宝的一些器官才会发挥作用，否则他们便会死亡。以大鼠来推测灵长类动物，再以灵长类动物来推测人类。不过，灵长类动物和人类是仅有的不会舔舐自己孩子的生物。先前，舔舐会被误解为一种清洁行为，实际上，鼠类是以此代替抚摸来传达好感。这种表达好感的方式推动了内部器官的发育，凭此幼崽便具备了生存能力。灵长类动物和人类极有可能用胳膊和手承接了舔舐行为的作用。同时，用嘴和唇表现爱抚亦不可或缺。谁若是在将来得给予孩子爱、柔情和好感，就必须自己曾经体会过这样的感觉，确切地说，最好他是从出生起便有所体验。

巴厘岛因其和睦的文化而出名。岛上的人将新生儿视为天赐，孩子在半岁之前不会下地，而是一直由人抱着悉心照料。岛上的孩子可能从出生起就已对周围环境产生了信任。他们在母亲的怀抱中得到爱抚、拥抱和保护，日后也可能一再地重回安慰性的怀抱中。孩子不仅能在母亲的怀抱中得到安慰，还能在父亲、兄弟姐妹、亲戚和熟人的身上得到。这样的孩子认识到的是一个平静和睦、充满信心、稳固持久且关怀备至的世界，他 / 她在心中保留着这些经历，并在之后的人生中都能将这种好感、爱和信心传递出去。人类学家发表过一些报道，其中涉及其他民族和部落的人同新生儿和小孩的相处模式，以及因此对文化和社会环境产生的作用，我们可能会从这些报道中得到启发。由此我们明白了一个道理，即同新生儿以及孩子交流的方式有多么重要，也了解到这种关系是如何反映在整个社会里，又对社会产生了怎样的影响。

2.4 可以溺爱孩子吗

很多人认为，如若一直抱着婴儿并满足他 / 她的所有需求，他 / 她会因此变得挑剔，要求越来越多。事实上，情况的确如此吗？当然，界限设定仍有必要，但前提是婴儿的年龄得达到八到九个月。不过，三到四个月大的婴儿也应该尽量地学会同挫折打交道。

正如孩子在母体内得到最好的营养供给一样，“外部怀孕”期间，也应尽可能地满足他 / 她的所有需求，持续时间应达到八至九个月，之后便可以对其提出一些要求。不过，**我们应当将理解孩子的探索欲和发现欲纳入自己的考虑之列，学会理解并领会他们的世界。**举个例子，当我平时用信任和爱教育孩子时，那么当我在工作时，他 / 她也会对此理解，不会抱怨我没空关注他 / 她了。当然我必须向他 / 她解释，因为我尊重、认真对待他 / 她的需求，所以他 / 她也要尊重我的需求，听从我的安排。孩子们其实都是合作的，通常不会无缘无故地挑起事端。重要的是，为了正确读懂他 / 她所示意的内容，我毫无保留地敞开了自己，让孩子来引导我该做什么。我镇定地将领导权转交给孩子，他 / 她十分了解自己的需求，也会将其告知于我。孩子完全凭直觉行事，对于我们成人的权力斗争一无所知。他 / 她的一切行为与权力无关，但当他 / 她孤立无援时，便会束手无策，希望得到我们的安慰与帮助。我们应当清楚地想象到，一个新生儿是多么的无助啊！他 / 她完全依赖于我们，只能通过喊叫唤起他人对自己以及自身需求的关注。一般来说，成人会依靠时间来判断接下来的安排，而婴儿还不具备这种感觉。小人儿正嗷嗷待哺，他 / 她为饥饿感所折磨，当下渴望得到爱抚和拥抱，渴望玩耍、大笑以及母亲的安慰。婴儿生活的概念中只有“此时此地”，所以，他 / 她无法了解母亲现在必须做着各种杂事，不能及时地来帮助他 / 她呼应他。

如果我们待在孩子的身边，那么便会更快地感知到他 / 她的需求。首先，他 / 她不会长时间地对着一些东西哭闹，友好且值得信赖的世界使他 / 她感到安全。当我们将孩子带在身边，他 / 她便会接收一切，像一只空空的海绵将自己吸满。他 / 她于母亲身上感受到了安全感，明白自己不会丢掉这份可靠的“人寿保险”（指母亲）。

以上所述的也属于教育范畴。婴儿会将自己听到、感觉到、看到和弄懂的一切牢记在他 / 她那快速发育的大脑中，并码齐放好，以便在日后需要时取出来，但他 / 她对此毫无意识。当婴儿受到欢迎时，那么再也没有什么美好、精致、值得向往的东西比得上这个躺在我们怀抱中甜美娇嫩的小东西了。我们可以爱抚、亲吻并不住地盯着他 / 她看。他 / 她完全信任我们，期待着我们体贴的照顾和呵护，期待着我们感知并满足他 / 她的需求。婴儿的无助恰好促使了我们优质高效地行事。现在，他们需要我们的帮助，日后等孩子长大一点，我们便可以冷静谨慎地对待自己的帮助了。

做母亲的始终被警告不能溺爱孩子，否则她会在日后收到自己的叛逆孩子赠送的“麻烦账单”。这位溺爱魔鬼深深潜藏在我们的脑袋中，不过，终会消失。为了能使孩子成长为身体健康、意志坚强的人，我们为小家伙们提供了他们必须且应该得到的东西。此外，婴儿不仅可以也应当得到彻底的溺爱。除母亲之外，他 / 她还应该被其他家人尽可能多地带在身边，他 / 她也喜欢躺在父亲怀抱中入睡的感觉。我们可以对他 / 她表示亲热，抚摸他 / 她，根据需求给他/她喂食，可以抱着他/她在整个屋子里跳舞，同他/她一起唱歌，

给他 / 她讲故事，在田野上带他 / 她看花。其实，我们可以也应该将这世界上的所有欢愉告知婴儿，和他 / 她一起分享，并将这份感情传递给他 / 她。

- ☑ 帮助您的孩子建立基本的信任。
- ☑ 了解孩子的欲望。
- ☑ 设法使得孩子的每一项需求得到满足。
- ☑ 不要恐惧。从孩子出生的三到四个月起，要求其面对第一批挫折。

3

关照和抚爱

- 一个婴儿的基本需求
- 孩子的“体香武器”
- 将婴儿带在你我身边
- 摇晃和摆动促进成长
- 婴儿寻找支撑物
- 满意的孩子——满意的家长

触摸、轻抚、按摩这三种动作，
是孩子的食粮。
它们，同矿物质、维生素以及葡萄糖
一样重要。
食粮是爱，倘若不得不
缺少它而艰难度日，那么，孩子宁愿失去生命。
事实上，他／她常常如此。

——弗雷德里克·莱博耶[3]

出生之后，将这个小家伙抱于怀中，母亲会由此生出一种莫名的紧张感。倘若孩子的出生并未导致母亲筋疲力尽、压力倍增，那么，对于大多数母亲来说，这一时刻最幸福不过了。这是因为在这个小人儿的身上，具备了一些神圣且美好的东西，他／她完全依赖我们，信任我们。他／她只是在等待着我们抱他／她入怀，亲吻抚爱。只要这个孩子为我们所希望并且在预期之内的话，那么，每一次的降生都是一场小小的奇迹（顺便提一下，这绝不是说预期之外的孩子不为我们所接受、不为我们所爱）。

3 法国产科医生，毕业于巴黎医学院。代表作为1975年的《无蛮力分娩法》，推广无蛮力分娩法，即将新生儿放在乘有温水的小浴缸中，以缓解其对于环境变化的紧张情绪。

3.1　一个婴儿的基本需求

倘若我对孩子和养育孩子这项新任务持抵抗情绪，那么要不了多久便会愁眉不展，一切都将成为负担。反之，如果我将自己和孩子视为一个整体，把婴儿时期视为一个契机，那么它便会成为人生中最美好、最兴奋的一个时期。如果我尝试着在最初的这段时间和孩子保持一致，互相联系并将其视为自己的一部分，那么便能将此事处理得越来越好。这样孩子得到了他 / 她想要的一切，感知到了安全感、幸福感，并且会好好地成长下去。

倘若我不愿让孩子纠缠自己，那么他 / 她会尝试着用各种方式，但往往是负面的方式同我待在一起。每一次，他 / 她徒劳地增加同我待在一起的机会，每一次失败之后也促使他 / 她更进一步地尝试。然而，为了得到他 / 她需要的东西，孩子的行动在一定程度上会为欲望所左右。他 / 她索求的欲望越强烈，母亲拒绝的态度便会越明显。出于恐惧，这种情况会愈演愈烈。所以，以上做法毫无意义可言。我们要做的，就是让孩子学会安分守己。

婴儿只要那些必需的东西。如果我们懂得理解他们的这一要求后，便可以满足这些需求。第二次“孕期”出现在孩子诞生之后，它于子宫之外再次持续了九个月左右。之后孩子便准备了与母亲心理上的分离。如果我对孩子的需求越理解，便越能和孩子融洽相处，孩子也更能平静地成长，给予我更多的喜悦。

3.2　孩子的“体香武器”

婴儿的体香闻起来极具诱惑力，以至于香水制造商也可能因嫉妒而气得脸色苍白。当人们用香皂给婴儿沐浴，或是使用香气扑鼻的沐浴露时，就有机会闻到所有香味中最美妙的那一种，它经婴儿发出，沁人心脾。您将彻底地为他 / 她的体香所迷惑，并安静地嗅闻起来。

婴儿的嗅觉灵敏，因此他 / 她单单靠气味便能辨别出自己的母亲。这对于母亲来说同样充满意义，她应该尽可能地不去使用香水。不过，随着年龄的增长，气味会变得无关紧要起来：我们无须嗅闻自己的敌人，对自己的领地做上记号，于是，嗅觉便失去了它的意义。我们往往仍能无意识地、模糊地感知到气味，浓烈的香气令我们的嗅觉失灵，由此盖过了令人难受的气味。我们无法“嗅闻”到某些人的事实可以证明，嗅觉器官曾对我们的社会关系发挥过一定作用。

因此，我们从婴儿身上得到的满足一定也与他 / 她的气味有关。婴儿周身散发出一种芬芳的气味，这会随着他 / 她的长大而逐渐减弱。只要气味持续下去，就让我们为其迷倒吧！

3.3　将婴儿带在你我身边

爱由肌肤传递，像海绵一样被孩子吸收。婴儿的出生，从生理学上来看属于早产现象。在所有哺乳动物中，人类的大脑是身体中最大的部分。婴儿只有在母体内待上至少九个月，身体才能达到和其他哺乳动物出生时一样的发展水平。

所以，这意味着什么呢？这意味着在新生儿阶段，我们可以尽一切努力为婴儿提供同子宫相似的环境。白天可以将他 / 她放进提篮、Babybjörn 牌的婴儿背带、Manduca 牌的婴儿背带或是其他利于携带的东西中，这样便能达到带孩子、工作两不误的效果，家务活也就不在话下了。对于婴儿来说，此时他 / 她的生活节奏、日常行程同出生前保持一致，这给予了他 / 她安全感和信任感，可以让他 / 她在安全的环境中接受新的事物，使这位小小的地球公民在我们这儿得到很好的照料。除此之外，我们所做的一切对自己同样有益，同时减少了忙碌的压力。在这个小人儿再次哭闹、耍赖之前，迅速完成各种各样的事儿（众所周知，孩子们拥有这样一个令人讨厌的习惯，那就是总是恰巧在我们想要处理某件事的时候哭闹个不停）。

好心的建议者一再强调，因为新生儿需要充分的关心与爱护，所以我们应当放下手中的工作，只做照顾他 / 她这一件事儿。遗憾的是，没有一个建议者提供了实际的操作方法。由于照顾孩子，生活日常变得混乱起来。当厨房只剩下最后一个干净的餐碟可用时，当水槽中的水溢到地面时，当手边没有一件干净的衬衫时，当我们想着好好洗个澡时，当我们像“沥青姑娘”一样，将被子弄得一团糟时，当镜子脏得照不出人像时，我们就会明白，这些好心的建议者完全是站着说话不腰疼。所以除非我们过得艰难却又想保持体面，否则才不会去听取这些所谓的好建议。

另外一种选择是将婴儿背在肩上。对于孩子来说，将他／她拥在前、背在后、搂在一侧或者一直抱着，这些动作本身都没有任何意义。他／她主要是想待在母亲身边，观察她的活动，感知她的肌肤、气味和声音。母亲的一切均为宝宝所熟知，这样他／她才能安心入睡，即便在醒着的状态下也绝不会感到无聊。同母亲紧紧相连会让他／她觉得自在、放松。婴儿习惯了母亲肚子的狭小空间，觉得那里安全有保障。当他／她饿了，仅须简短地“通知”一下，需求便能得到满足。因此，母亲至少能够在家中照常工作，孩子会变得更安静，更少地承受“肠绞之痛”，减少哭闹甚至不哭，夜间睡觉也会更安稳，发育得更好。

另外，我们可以学习土著部族的母亲，她们将婴儿背在身上，并不是因为缺少婴儿车或是其他可能的途径，而是因为她们察觉到这对孩子的成长最有益。这些母亲并不仅仅在去集市或者井边时才会背着孩子，当她们站着或坐着忙家务时，在湖边或河边洗衣服时，抑或在捣玉米时都会将孩子背在肩上。尽管她们完全可以把宝宝平放在身边，而孩子可能也会舒服一些。我一再听到培训班的学员们议论道：“小家伙们已经被宠坏了！”不过，背孩子和溺爱可没有什么关系，它和遵循孩子的自然需求并无二致。**愈多地满足孩子的自然需求，他／她看世界的眼神就会愈加充满信任，变得更为强大，在教育之路上也会无大碍地走下去。**

出生的婴儿对于即将发生的种种一无所知。怀着一种原始的恐惧，他／她倍感孤单。不管什么情况下，他／她都会任凭我们摆布，完全不可能独立满足自己的需求。如果哭闹的时间并不长，那么我们越是多次尝试着满足他 / 她的需求，他 / 她对我们以及这个世界的信任感就会越强。宝宝的生活中没有长篇大论、谩骂和威胁，只有理解与满足，这便是最好的教育了。关爱、照料和理解促使孩子同动物的幼崽一样，追随效仿父母，爱戴他们，并模仿他们的行为。

弗朗茨·伦格力在其《恐惧感与安全感》一书中写道：“出生第一年将近，为了探索周围环境，孩子开始同母亲疏离，从她身边‘爬走’。他 / 她越是确定自己拥有母亲，便越信任地将这一拥有权解除和放开。为了探索更大范围的环境，他 / 她甚至会开心地疏远母亲。与此相反，那些一直黏着母亲、缠着她不放的年龄较大的孩子因为精神上未能得到满足——他们认为母亲没有很爱自己，自己没有得到理解和尊重，所以他们还会黏在母亲身边，以这样的方式获取母亲的关注，从心理上占有母亲。”

在婴儿还很小、很轻并且我们还可以抱得动他 / 她的时候，我们时常将他 / 她背在肩上。但这种情况持续不了多久，到了他们想要学习在地上爬行和行走的时候，我们背孩子的时间便越来越少。因为这种需求远远无法得到满足，所以出现了以下的情况：四岁大的孩子常常黏着母亲，想要一直被她背在肩上。

3.4 摇晃和摆动促进成长

正如我们了解的那样，在宝宝生命的初期，脑部发育处于非常重要的阶段，因为在出生后的前几周和几个月里出现了重要的纤维连接。婴儿被抱在身上时，脑部会接收到多种信息，它们刺激了脑细胞的相应连接，有助于宝宝在日后成为兼具社会性和整体性的个体。潜意识中，当下所有涌入新生儿脑部的信息都会被记录下来，并且加工成某种性格特征，从而处理为最终构成人类本质的东西。

摇晃这个动作对于婴儿来讲是一种基本需求，通过摇晃运动大脑得以更好地发育。持续的晃动极大地激发了脑部细胞的交联。感觉器官变得敏锐起来，平衡感也得到持久的训练，日后孩子便能很好地应对各种处境。他们因此具备了一种不错的体感，这不仅表现在体育成就上，而且压力也可以通过摇晃得到缓解。

我们应当允许婴儿参与自己的生活。他 / 她并不总是需要我们的全面关注，不需要被我们时刻紧紧拥抱。只要能和我们身体的某一部分接触，例如在母亲的背上，对婴儿来讲就已经足够了。不论母亲是在厨房，还是在晒衣服抑或是在写字，他 / 她都在触觉和听觉上感受到母亲所做的一切。他 / 她随着母亲的身体一起摇晃，倍感安全，这种安全感让他 / 她在需要时说睡就睡，说醒就醒。在这个可靠且安全的地方，他 / 她不会遭到过度的刺激。

和其他孩子相比较，这些几乎一直被背着的孩子获得的体感明显要好得多。通过长期的摇晃，被背着的孩子必须在身心上不断进行新的调整。不论母亲俯身、行走抑或做饭，都会如此——所有这些活动都包含着动作的起伏，因此被背着的孩子必须反复辨别母亲的移动方向，进行新一轮的适应。在这样的情况下，他获得了比大多数人更为灵活、可控的身体。

珍·莱德罗芙写道：“委内瑞拉耶夸纳部落的印第安人在湍急河面的木筏上毫不晕眩地跑来跑去，同时身上还可以扛着重重的担子。通过持续的摇晃，他们的感官得到了很好的训练，可以持续调动自己的平衡感。难怪我们会时常羡慕他们的灵活性和活动的自如性。摇晃这一动作早已为我们的祖先所知晓，它满足了婴儿的基本需求。”在我的培训班上，一位母亲说过这样的话：“如果我把孩子放下，让他睡觉的话，那么睡眠时间只会持续十分钟，然后他会醒过来并开始哭闹。但如果我将孩子背在背上，那么便能毫不费力地使他睡上四到五个小时。”

除了用于摇晃的传统摇篮、吊床、小篮子，还有许多各式各样的途径，这里尤其要提到摆动的胳膊或是母亲和其他人摇晃的身体。每个年龄段的孩子都会因摇晃产生愉悦感。成年人有时也喜欢坐在摇椅上或躺在吊床上，享受轻摇的动作。同时，摇晃的治愈效果也在老年人身上得到了科学证实。

3.5　婴儿寻找支撑物

胎儿在子宫内处于封闭状态，受到子宫边界的保护。我们可以相信这是一种极其美好、令人安慰且提供着安全感的经历。伴随着出生，孩子的位置发生了变化，原先承载和支撑的元素消失殆尽，交替而来的坠落感和动摇感令他 / 她恐惧不已。

> "我们的出生伴随着两种天生的恐惧感，"死亡研究员伊丽莎白·库伯勒－罗斯医生这样写道，"一种是坠落恐惧，另一种是对巨响的恐惧。其他所有的恐惧都是后天形成的，全是由焦虑的家长转移到孩子身上的。"

几乎所有的婴儿都会在焦虑的时刻，明显表现出自己对坠落所怀有的恐惧感，这并非偶然。他们将嘴张得老大，瞳孔扩张，向高处伸直双臂寻求援助。一声巨响、脱衣或者仅仅将其放下都有可能触发这一行为。滚动式地将其放下或是抱起才是明智的选择。据观察，这样就不会再吓到婴儿。因为与其全身相比，婴儿头部所占的比例很大，当他被放下，又得不到双臂的支撑时，便感到孤立无援，会伸直了胳膊寻求帮助。值得注意的是，只有在远离婴儿时，他们才会开始展示动作、作出反应。当我们用双臂将其向上举起，又迅速地将其降下时，他们会快活地叫起来。婴儿需要支撑物，他们在照料人的背上或腹部找到了这个最为可靠的东西，它提供了与子宫环境类似的条件，婴儿可以从这安静、可靠的地方开始认识外部世界，并且能渐渐适应更广的空间和更远的距离。

3.6 满意的孩子——满意的家长

如果我们观察其他文化，便会发现以下设想的合理性：**由文化支配的行为方式同幼儿的照料形式之间有着重要的关联。**生活于部族的人整天背着婴儿，全方位地满足他 / 她的需求。和其他地区的人相比，他们更开放、更善于聊天、更放松、更友好、笑得更频繁且压力更小。部族中集体为大，个体服从于集体。当然，这些特征在孩子身上早已有所体现，他们在集体中恭默守静、不好争执，很少哭哭啼啼。他们乐于助人、心胸宽广，即便有妒忌之情也并不明显，而是十分融洽地一起笑、一起玩。通过关爱、信心、拥抱以及需求的满足，孩子获得了安全感，这种感觉使得他们在生活中变得坚强，使得他们在不利的情况下具备基本的生存能力，好好地活下去。受此文化影响的人，会毫不费力地尽快满足孩子的需求。他们的所作所为恰好满足了孩子此时此刻的意愿。孩子并非焦点，工作或者女性日常必须所做的事才是焦点。因此孩子很小就学会适应母亲来安排日常——并不是反其道而行之。这是一个决定性的因素，它和我们所处的文化环境大相径庭，由此形成了鲜明的对比。详细内容请参见“孩子的仿效意愿”一章。

4

脱去尿布，就这样

- 自然需求
- 心理需求

清洁是成长步骤中的一个重要部分，必须对此着重探讨！

因为首次提出了这一主题并依据敏感期理论对其中的关联作出了解释，所以，我将自己视为“脱去尿布”法的创始人。1997 年本书初次问世之时，“脱去尿布”的概念确立起来，其余信息尚未为我所用，网络上的众多论坛基本对此方法的起源一无所知。我于 2012 年执行并发表《早期清洁的研究》时（见网站 www.rita-messmer.ch），便察觉到了这一问题。

我在首次提出“脱去尿布”的清洁时，便料到这仅仅是一个关乎时间的问题。只有对此有所了解，只有母亲们开始为婴儿把尿，它才会得到解决。那时，我便察觉到这一问题的棘手程度。我不愿在此写下任何涉及原因的心理学论文，但值得注意的是，究竟有多少人会对此保持沉默。或许原因来自我们自己身体的一种本能拒绝，即人类的自然需求。毕竟尿床和失禁一直以来被视为禁忌的事情。

值得高兴的是，在今天，越来越多的人开始对这一主题持开放态度。孩子年龄渐长，尿湿裤子的情况也愈渐减少，但仍有一部分孩子无法控制自己的排尿行为。我在自己的实践经验中遇到过十岁、十二岁和十四岁的孩子，他们还是会尿湿裤子。这可能就是上述态度转变的原因吧。

4.1　自然需求

市面上关于清洁教育的书比比皆是，但存在着很多的错误内容。一方面，（外）祖母们常常催促孙辈过早使用便盆；另一方面，一些心理学家大肆渲染清洁教育，误导母亲们以为孩子在三到四岁时仍无法控制自己的排尿行为，因此使用尿布也完全正常。最近还有人跟我说常有外祖母会阻止女儿给婴儿把尿。

如果我们放轻松对待这个问题，那么便会发现排尿、排便和吃喝一样，属于自然的过程：上边进食，下边排出，不应将这些过程过度问题化。压力导致了错误的方法，同时创造出了新的问题，确切地说，加深了现有问题的棘手程度。其实，压力在所有教育问题中，从来都不是解决之道。

在我看来，我们人类需要尿布这一观点，在进化生物学的角度上毫无意义。通常，在自然界中无须辅助工具也能很快实现一种清洁行为。任何一个哺乳动物都不愿意待在自己的粪便中——连圈中饲养的兔子或豚鼠亦是如此（它们的脑容量特别小）。因此，它们会自行选择某个角落进行排泄。此外，所有的哺乳动物都会感知到“粪便”的异味，这在进化生物学上意味着：我们应当尽可能地回避自己的排泄物，而不是将其随身携带（指穿尿布）。就地本能地排泄并非解决方法。动物已经显露出一定的敏感性，为什么我们人类还在污染自己的“巢穴”呢？尿布效应绝对不是人类进化的巅峰，而是一种退化形式。因此，一定还存在其他的解决方法。

让我们再次将目光投向生活在非洲、美洲和亚洲的印第安部族，他们沿袭传统，将婴儿背在背上。孩子半裸着身体靠在背带上，绝不允许在母亲身上排泄。部族的人在孩子的事儿上反应格外敏感。孩子似乎会通过母亲能够理解的行为发出必须排泄的信号，母亲则快速将其从背带中转出来，抱他走到路边，在那里完成排泄。之后她会将孩子再次背在肩上，继续做自己的事。如果某位母亲无意间曾被孩子的排泄物弄湿身体，那么便会受到其他母亲的嘲笑，并被赋予“糟糕母亲”的称号。印第安部族和那些生活在非工业化地区的部族，即人类的大多数群体，直到今天仍未使用尿布。这种做法的优点在于，他们，或者至少孩子是裸露的，这样便能更好地了解身体活动的进程。他们用少量的水清洗孩子的身体，动作迅速，整个过程几乎一带而过，并不像我们这边换尿布、擦洗等动作那么复杂。

我在读过其他文明的相关经验之后，便想着在自己的孩子身上也检验一番。事实很快证明了很多心理学家和儿科医生观点的错误性。我在儿子史蒂芬三个月大的时候就抱着他在洗手间的便盆上排泄，让他尿尿。他年龄过小，不适合用马桶，没法独自坐在上边，所以我像印第安部族的女性一样抱着他排泄——不是在路边而是在洗手间里。在那一束“小喷泉”射进便盆之时，我震惊得说不出话来。起初，我以为这只是一个巧合。然而，在反复上演之后，就并非只是偶然那般简单了。我注意到史蒂芬每次在尿布打开后，都会等着我抱他去洗手间排泄。

当时，有无数的母亲试验过这种方法，印证了最终的成功，令人吃惊。很多检验过这种方法的母亲，在孩子出生后不久便将宝宝带到一个合适的地方进行排尿，这常常在宝宝出生后一周便开始进行了（有时，这种做法会令医务工作人员感到震惊）。

回头来看克瑞丝塔·南妮的叙述：

遗憾的是，我们得知“脱去尿布”法的时候，已经是在老大清洁教育敏感阶段结束之后了。这鼓励着我们，在后面三个孩子身上进行这项试验。对于老二在这一点上的变化，我们最为期待。因此在他出生后的前几周里，每次哺乳和换尿布之前，我们都会抱他去洗手间排泄。除此之外，我们还会发出“嘘——”的声音，他对此十分信任，真是太棒了！我们经常将孩子背在背带里，所以当他出现躁动情绪或“啊啊”直叫时，我们便能很快感知到他的一举一动，继而将其抱到洗手间内。在我们看来，孩子由此能体察到安稳舒适的感觉，因为他们时常用笑容、叫嚷或是满意的态度回应我们。他们在第一个月里便已不会尿湿裤子，尿布的使用量也大幅减少。期间，以下的情况当然也会一再出现：孩子尽力伸直自己的背，在尿布中排泄的次数也会增加。但大多数情况下，这都同我们忽视了他们的躁动有关。之后，当孩子动作灵活了，便会爬到浴室“啊啊”直叫，并向我们表示他们喜欢在那里完成排泄。较之未在“脱去尿布”法下长大的老大，这三个孩子在一岁半到两岁时就不会尿湿裤子了，时间上要早一年左右。虽然这并非易事，我们却受到了这种方法的鼓舞，一切都在顺其自然地进行着！

这一经验表明：越早给予婴儿可能性，其学会清洁的相应敏感阶段就会越好地得到激励。我必须反复强调，父母应当有意识地将这一“经历”归为完全正常、自然的范畴，不应对此有所不安。要知道，排泄和吃喝一样都属于自然现象。父母的大惊小怪在某种程度上会导致孩子对于自然排泄的拒绝。

梦娅在五周大的时候，母亲丹妮拉便带着她参加我的婴儿按摩课程。在我向她指明了这一敏感阶段之后，她便立即想要回家试一试，结果见效很快。到梦娅两个月大时，丹妮拉每次都会抱她去洗手间排泄，尿布常常不会被弄湿。因此，她很早便为女儿穿上了背带连体裤。丹妮拉一边忙着自己的事，一边背着梦娅。每当需要排泄时，梦娅都会用一定的躁动和细微的叫声来提醒母亲。倘若丹妮拉未能立即反应过来，叫声就会变得更为强烈。梦娅自两个月大起，日间便不再使用尿布了，母亲一个月里仅为她洗过三次裤子，从晚间睡觉到清晨起床，梦娅都不会弄湿裤子。

经确定，这个排泄训练敏感阶段“快要结束”的时间是在出生后第三个月的月末。之后，婴儿便愿意在适应的地方继续进行排泄。这可能意味着，孩子很早便学会了就地排泄的行为，并想要将这一习惯继续保持下去。

市面上的很多育儿指南都会犯同一个错误，即固执地指出幼儿无法掌控自己排泄的行为，早期的训练没有意义甚至有害。倘若没有及早研究孩子的自然天性，我可能会同意心理学家的看法并且承认他们评估的正确性。然而，事实并非如此。**如果父母反对了孩子的意愿，那么早期的清洁训练便会麻烦百出。我们绝不应该滥用权力，逼迫孩子去进行清洁。**

认为婴儿无法控制自己排泄行为的人犯了一个严重的错误。家长必须意识到，尿布会导致错误的行为，训练和控制孩子使用尿布会造成巨大的麻烦：日后不得不费力地进行纠正。不过，在出生之时使用尿布应急倒没什么大碍。当婴儿承担了自己排泄的责任时，我们会给予其幸福感与成就感。如果我们认识、感受并且仔细研究过这些敏感阶段，那么撇开上述的幸福感不谈，也会让自己的生活变得更为简单。

大脑中发生了什么

不容忽视的是，涉及婴儿的排泄，**不穿尿布的宣传力度远远不够**。我们很少将把尿的母亲或是不穿尿布的孩子印在广告上，有的总是那一张标准化的图片：一个穿着尿布的婴儿，他 / 她笑得很甜。以上的广告做得是如此出色，就连那些了解“脱去尿布”法及其功效的母亲也常对我说：“因为宣传，我原本是不相信您的方法的，直到出于单纯的好奇心尝试了之后，才对此有所确信。”一切都因为我们相信眼见为实！如此，社会在“脱去尿布”上的问题便完全得到了解答，我们没有任何的模板可供使用。最近，我时常从（外）祖母们身上得到鼓励和肯定，她们对于清洁研究是持肯定态度的：“我们可是早就这样做过了！”

关于早期训练的话题常常被提及，而我却对此持反对观点，因为早期的清洁或“脱去尿布”同训练毫无关系。对于大脑来说，是否进行训练或者利用所谓的敏感期，这两者之间存在着巨大差异。

如果婴儿所受的教育同自身的发育相匹配，那么大脑在以上两种情况中都会受到刺激和连接，但所接收的信息只会在其发展的敏感阶段流入大脑，与之进行相应连接。这些在敏感时期生成的网状连接可以用于进一步的学习，或是促进训练，大脑以此建立联系。这样，存在于敏感期和非敏感期间的差异才会更加明显。

在此，我想举例解释一下：先前，电视上曾播放过一档纪实性节目，主人公是一位失明的女性。在她成年的时候医术已经足够先进，可以通过手术治疗失明。于是，这位女士做了手术，但结果却不如人意。在图像还未产生时，眼睛很容易向大脑输送百万次脉冲。但是，一旦错过了相应的敏感阶段，大脑这个区域的发展便不再得到补偿。事实上，我们在看东西时不仅需要双眼，更需要大脑。眼睛只是接收光线刺激、转交脉冲的成像媒介，大脑则负责分类：颜色储存在一个地方，形状又储存在另一个地方，剩下的以此类推。日常看到的图像是如何聚在一起的，我们至今对此一无所知。其他的感觉器官也处在相同的情况，我们不仅仅靠耳朵来听声音，靠鼻子来闻气味，靠嘴巴来品味道，靠皮肤来感知物体，它们只是将刺激传输给大脑的媒介。大脑对这些刺激、信号或是脉冲进行加工，然后告知我们看到、听到、闻到、品到或感知到什么。当遇到上述这位失明女性的情况时，人们应当取消那次手术，因为那些泛滥在其脑部的脉冲使得她几乎神经错乱。

感官通路被激活的情况仅仅出现在敏感阶段。与其不同的是，清洁的学习步骤还能在认知上被弥补。“便壶”和“如厕”这些训练会被有意识地启动。这一行为和遗传上敏感阶段的刺激存在根本的不同，所产生的影响与自然界中的类似。**“幼儿需要正确地接收信息，因为这构成了大脑的形象表征，成年后会再次出现于大脑中。”**

“脱去尿布”法的依据是：父母关注孩子的敏感阶段，并对此进行详细的研究。

敏感期

人生的每一个发展阶段，都会有一个确定的、适宜的周期，在这一周期内，孩子做好了准备，去实行一次已确定的发展步骤。倘若错过了这个学习步骤的合适时间点，那么实施时间便会推迟许多，实施起来也要辛苦得多。玛利亚 · 蒙特梭利是二十世纪最伟大的教育学家之一，她提出了**“敏感期”**这一概念。如果孩子在超越深层意识的可预见时期内没有学到东西，那么相较于其他孩子，他们要在几年之后才能在智力上完成相同的学习步骤。

接下来我想再阐明两点：

1. 在出生后的头几年，特别是第一年里，孩子会经历哪些敏感期以及他们的所想所得。

2. 这些敏感期又是如何对孩子的发展起到促进作用的。在教育中，因为亲子间的权力斗争绝不会演化得过于激烈，所以是可以对此进行预防的。

孩子的敏感期并非局限于具体的某几个月，而是同发展和学习步骤联系在一起的。当一个十二个月大的孩子开始学习爬行时，敏感阶段便会出现。

大自然的首要任务是保证我们的生存，因此在我们可以理智行动，也就是打开学习窗口之前，它给予了我们相关的生存之道，使得我们可以尽早为自己制定、加快和深化重要的学习过程。敏感期学到的东西益处多多，它可以通过更深的意识本能地给我们提供帮助。

对处在疾病、压力、苛求、疲劳、恐惧或游戏中的孩子来说，如果我们无法理智地向其传达自己的想法，那么，刺激便会由此产生。敏感期学到的东西因此提供决定性的、必不可少的益处。一个孩子若在正确的时刻学会识别危险，日后便不会轻易地在街上追着球跑，而是在事情发生之前就阻止了球的滚动。这是因为他 / 她对危险的认识十分深刻。如果孩子长时间后才能思考，那么在行动之前，球早已落在了街上。因此，我们应当尝试去观察孩子不同的敏感阶段，并加以利用。

孩子的发展必须受到外部的刺激，这是极为关键的。也就是说：只有经感官接收到的、传送到大脑中的刺激才会促进发展。以大鼠举例，它所受到的便是光、色和形的刺激，这些刺激会在决定性的时刻促进大脑视觉的发展。当缺少这些刺激时，视觉便得不到发展。语言亦是如此，正如我在弗里德里希二世残忍的示例中所写的那样（参见“正确理解孩子”一章），没有什么是靠人类自己发展出来的，一切都是由刺激产生——外部的刺激。正如我在《学会和孩子一起学习》一书中所写的那样，我们发现语言的发展也受到敏感期的支配。如果孩子在可预见的时期并未受到任何，或者只受到了很少的语言刺激，那么他 / 她便会长时间地患有语言障碍。

只有人类才有能力在错过与生俱来的发展步骤之后，通过自觉学习（通常在几年以后）再重补回来。但这只会发生在童年基础扎实的情况下。以我们常见的语言例子来说，如果母语的基础得以建立，那么我们日后仍可以理智地学习其他语言，即便学习的速度和效率不如母语，但也会有所收获。俗话说：“少壮不努力，老大徒伤悲。”研究发现，十个月大的孩子已经失去了识别语言中不重要的语音的能力。比如日本小孩无法区别 l 音和 r 音，因为这在他们的语言中从未出现过。测试表明，这两种音仍会触发五个月大的日本小孩的脑部活动，十个月大时便毫无效果了。

也可以这样说，**干扰或刺激遗传系统都会导致攻击性行为**，以上两种情况都属于敏感期。例如，养狗的人都知道，每一只狗都有一套“遗传程序”。当狗屈从于领头的动物时，便会通过舔嘴唇的动作向其示意。当狗听命于人类时，便会舔他 / 她的脸，以便展现自己地位的卑下，愿意接受他 / 她的领导。不过，大多数的狗主人都抵制这种行为，这会激怒狗。虽然说这种单个的刺激不会导致错误行为，但当人们持续干扰狗的“遗传程序”时，便会导致它的攻击性行为。

经验告诉我，如果我们无法感知基因程序，尤其是敏感期的基因程序，便会引发孩子身上的攻击性行为。相比之下，将敏感期纳入教育过程的父母，会定期确定孩子的合作程度，这同各自的脾气无关。孩子的“叛逆期”甚至有时都没有展现出来，这就提出了一个问题：

或许，“叛逆行为”仅仅是对父母不理解孩子的基因发展而产生的幼稚反应？

众所周知，动物王国里也存在这样的敏感时期。人们观察到，育有幼鸟的成年鸟类，过一段时间便不再往孩子的嘴中喂食，而是将食物放在巢穴中，这样幼鸟便会学习自己吃食。在对幼年椋鸟的试验中，研究人员用镊子给幼鸟喂食。幼鸟靠近镊子，咧开嘴，嗷嗷待哺。如果研究人员在敏感期之后还用镊子给其喂食的话，幼鸟便会错过捡食的机会，不再具备独立学习的能力，这时一旦停止喂食，它们便会饥肠辘辘。幼鸟只会一直张着嘴，等待喂食。相关的例子在上文新生大鼠的试验中已经有所提及：如果新生的大鼠被蒙住了眼睛，那么即便日后视线未受阻挡，它们也会处于失明状态。

人们从玉米类植物上得知，当它们遭到害虫攻击时，会散发出某种吸引益虫的气味。这类植物甚至能够分泌不同的气味，即根据虫害的类型吸引相应的益虫。同样，人们在一种夜间蝴蝶的后翅上发现了一种类似鼓膜的东西。对此的科学解释是：蝙蝠在白天睡觉，所以日间活动的蝴蝶在白天不需要这种保护机制，而夜间活动的蝴蝶能够通过自己的“鼓膜”接收蝙蝠的声波，以此进行相应的自我保护。每一种生物都会自我发展，尽可能地存活下去。确切地说，可以有效地保护自己免于危险的伤害，以便确保自己的生存。

即便是相对简单的生命体，也发展出了有效的保护机制。适者生存，大自然由此塑造了许多具备生存能力的更高级的生命体。如果父母并未辨出或是忽视了重要的学习阶段，那么孩子便会在其后的成长中常常受到干扰。

举例来说，如果在婴儿出生之后，直接用瓶子给他 / 她喂食，那么他 / 她便会错过于母亲胸口学习喝奶的敏感期。这样，即便一段时间后再对其进行母乳喂养，他 / 她也会失去吮吸的能力。

> 哺乳期育儿手册《母乳联盟》一书中写道：“假设并不会因药物产生晕眩感，那么对于一个足月健康的婴儿来说，吸吮反射通常在其出生后的二十到三十分钟时最强。如果错过了第一次哺乳的时间点，婴儿的吸吮反射便会在一天半左右的时间内受到较为严重的影响。”

人们同样可以确定，出生后立即使用的葡萄糖瓶会成为有别于胸口哺乳的错误吮吸行为的信号刺激。因此有些医院开始采用另一种方式，即用勺子给婴儿喂食葡萄糖。

我们发现，**即便是很小的鲁莽行为，也会在出生后立刻对孩子的行为产生影响**。因为我们不了解情况，也意识不到自己的干预会产生多大的影响，所以婴儿之后可能会产生错误行为。

以上情况在动物世界中有例可循，如出生经验会影响母亲的后续行为。蕾吉娜·赫尔斯贝格在《体感》一书中写道："某天夜晚，我们忽然听到一头奶牛的叫声，它大声地、坚持不懈地嗷叫了许久。第二天早晨，邻居男孩兴奋地告诉我们，一头小牛出生在牧场的附近。农民显然没有工夫将它带回来。当我在接近中午的时刻，和孩子们一同拜访小牛时，它还待在那里。小牛躺在草地上，看上去对自己的情况一无所知——它的母亲站在离它二十米远的地方，垂着丰满的粉红色乳房，大口地咀嚼着前方的嫩草，对幼崽不屑一顾。"

为什么奶牛会有这样的行为呢？

一位农民给了我一个非常贴切的解释：如果小奶牛在出生时得不到母亲的舔舐，那么当它长大产下小牛时，也不知道应该要做些什么。

为什么孩子到了一定的年龄，就不会尿裤子了

大脑的学习从不间断。其间，一条路走得越频繁，相应的连接就会越紧密。连接继而就会变得像一条拥挤的小路，形成自动化机制（即习惯）。这样我们就不必一再重新思考，因为常做的事都由

大脑自动完成了。就像是驾驶车辆或是行走一样，您并不是每次都想着：现在我必须迈出哪一只脚，左脚还是右脚？诸如此类。

如果我们不为婴儿把尿，而是简单地给他 / 她穿上尿布，那么他 / 她便会学到：我得保持原样。这样大脑就会出现相应的连接，每次大脑中相应的小路也会愈加密集。然而我现在期待的是孩子某一天变得干净整洁，并且希望他 / 她能在洗手间里排泄，以便学到下一个发展步骤，尽管这一发展步骤早就已经在基因中创建起来。这并非意味着建立新的联系，以便实现连接，而是意味着对错误模式重新进行程序化。这样人们或许就能懂得，费尽全力阻止孩子不尿湿裤子，往往不会那么顺利的原因。

“其实，婴儿在母亲子宫中就已拥有经验，并会将其储存于大脑中。……从发育神经生物学普遍接受的认识中可以得出：婴幼儿的经验绝不是随意出现的。”

——施皮策

如今，神经学家基本上持此观点：**拥有经验的时间越早，具备的经验就越重要，掌握得也就越深入**。这样，以下的疑问便得到了解答：当我们忽然期盼孩子能在洗手间中排泄时，孩子为什么不这样想？这大概和下面这种情况类似，如果我们多年后突然从德语（母语）转说中文，那么孩子的大脑同样接受不了。

孩子穿尿布的时间越久，大脑中相应的小路就会越密集，转变也就越艰难。而今，我们面临的困难是：现在的尿布吸水性很强——因此也会得到宣传，甚至在排便时，孩子也不会有任何感觉，他们体察不到潮湿感。这导致的影响往往相当深远，以至于孩子光着臀部——譬如夏天在花园中玩耍——忽然想尿尿时，会感到害怕。我亲身经历过这样的事儿，一个惊恐的男孩盯着母亲叫道："关掉！关掉！关掉！"一些家长告诉我，类似的情况也会发生在他们的孩子身上。自那以后，孩子们便拒绝光着臀部。那么，女孩是否也会出现以上这种行为呢？我无法轻易作出推断，因为本人所知的例子均来自男孩。

不过对我来说，心理学家用"尿布瘾症"以偏概全是十分可疑的。如果父母起先牢记住了"不要把孩子放在便盆上"的谎话，那么他们今天绝对会嚷道："我现在没法摆脱之前相信的那些鬼话了。"

因为尿布的吸收性能极强，所以孩子在排尿时体察不到什么，但弊端并不在于此。如果孩子有尿意时，神经会延伸记录并向大脑发送相应的信号，它会说：你现在会尿湿。但实际上，整个过程中孩子浑然不知，大脑接收不到任何信号。大脑自动凭借第二信使对该信号作出反应，第二信使对括约肌发出了放松的命令，这样膀胱便会悄悄进行排空。早些时候，布制尿布的防湿效果还不是很好，继而出现一阵脉冲，由此告知孩子尿湿的感觉。这样，我们便会将尿湿感评估为不舒服的感觉，或者由此产生厌恶感。然而，今天的尿布会快速吸收尿液，这样完全不会出现潮湿感。

白天，孩子可以通过认知的途径找到洗手间。我们可以耐心地督促大部分孩子，这样或早或晚会成功。但是到了夜间，或许又会是另一番情况：当潜意识告诉孩子"你得醒过来，已经憋不住了"时，什么也不会发生，因为长时间以来，孩子已经缺失了自觉感知的能力，只能听任大脑的内部控制，当膀胱出现满溢现象时，内部控制会决定去排空它。

膀胱是一个中空器官，它让我们自愿并且时不时地输送些尿液，尽管尿液从不间断地从肾脏流出。尿液的输送主要由膀胱内部和外部的盆底肌（以及括约肌）来负责，所以，我们必须训练这种肌肉，这样它才会更加结实。如果现在出现了排空的信号（膀胱满胀并且膀胱壁开始延伸），那么便可以进行排尿。我们知道，自己应当在不久后找到厕所，所以我们训练括约肌和盆底肌来缓解时间。膀胱以这种方式得以延伸，容量变得更大，因而能储存越来越多的尿液。

我常在自己的实践课上听到这样的话：儿科医生说孩子的膀胱过小，所以他 / 她才会遗尿。对此，我并不能苟同。经过长时间的裹着尿布，膀胱从未得到训练，无法延长憋尿的时间，在首次出现排尿冲动时，便不由自主地开始排空。这最终会导致膀胱储量变差，也是膀胱容积小的原因。

涉及孩子尿湿的数量、数据和实例，可查询网站 www.initiative-trockene-nacht.de/bettnaessen/statistiken.html。

信号

父母经常担心在婴儿身上犯错，而市面上涉及清洁性的理论和观点恰好又特别多（大多为无稽之谈），所以，我想给予他们一些如何采取行动的建议。

学会同宝贝交流才是关键。您得不停地告知孩子自己在做什么，对孩子吐露真情，告诉他 / 她自己将带他 / 她去一个小地方。如果您在哺乳时想要为其把尿的话，可以选择使用洗脸盆，或者直接将其带到洗手间内，即便是化妆台旁的一个塑料盆或是手边的一个面团碗，也可以为您所用。早期，洗脸盆的使用频率十分高，这是因为父母在使用时，可以保持舒服的姿势抱着孩子，并且不需要耗费太多力气就能使孩子排泄出来。

您告诉宝宝，自己会带他/她去排泄。当您怀抱的姿势正确时，便可给出一个**声音信号**，譬如“嘘——”“呲——”或是“啊哈——”。这种声音具备信号效果，孩子会立刻将其同排泄行为关联上。除此之外，这时打开水龙头也会有促进的效果。当然，您只需要在前几天、前几周内给出信号——之后就没有什么必要了。孩子们学得很快。

您会清楚地看到婴儿如何遵循您的要求。他 / 她会探索自己的身体现在要做些什么，比如踢会儿小腿或轻声哭泣。这并不意味着您应当让他 / 她现在停下，而是要鼓励孩子继续排泄。突然，婴儿安静下来，您便会看到他 / 她的目光如何聚拢：婴儿发现自己找到了什么，下一刻就会很明显地有了结果。您可以悄悄地问宝宝，是否要继续尿尿或是感觉好不好。父母的教育对于婴儿的发展意义重大。您很快便会对以下两点有所了解。首先，您的孩子是如何反应的；其次，排泄是否完成或是尚未完成。在排泄完全结束之前，如果婴儿想要结束这一动作的话，他 / 她时常会绷紧腿或是伸直背进行反抗。

如果您仍看不到或是读不懂婴儿的信号，那么只能由您自己主动了，或是干脆鼓励婴儿在另一个地方排泄。正确解释幼儿的信号有多难？纳丁·威格如是说：

遗憾的是，我在第一次怀孕期间对排泄的基本需求一无所知，女儿莱奥尼在出生后和其他宝宝一样使用了尿布。作为年轻父母，接下来的两周里，一方面我们十分开心，因为对于我们来说，孩子的诞生就像做梦一样；另一方面，这也是一个巨大的挑战和精神压力，因为莱奥尼看上去就是人们常说的“尖叫宝贝”。她常常叫嚷，我一直将她抱在胸口，以便用母乳来使她安静下来。夜晚尤其令人疲惫，我的忍耐数次达到极限。为了让她安静下来，我们想尽了一切办法。莱奥尼睡在我们身边，常被我们背着，婴儿按摩、热奶瓶、灵气疗法或是专注疗法的效果都不值一提。即便莱奥尼表现出了一些征兆，譬如常见的挺直背部，但不像是助产士和医生说的“绞痛”症状。考虑到孩子刚出生，颅骶疗法也起不了多大作用，我只好安慰自己，莱奥尼是以“自然的”方式来到她诞生的房子，就这一点而言，出生还是美好的。

阅读完各式各样的书籍之后，我终于找到了正确的答案：“脱去尿布！”莱奥尼之所以整天哭泣，不过是尝试提醒我她必须排泄。多么伟大的发现啊！我们终于知道了她频繁叫嚷的原因。我将自然的婴儿护理方式和持续的背／抱结合在一起，自此完全舍弃了尿布。所发生的变化是如此的强烈，而且我们受到的都是积极的影响。莱奥尼一方面不再患皮疹，另一方面也不再是“尖叫宝贝”了，而是令人称心的乖宝贝！这使得我们所有人都感到轻松和愉悦。

我们将在莱奥尼身上得到的经验，很自然地运用在后面两个孩子身上。从出生起，我的两个儿子便接受了“脱去尿布”的训练。对此，我可以证实，排泄的敏感时期实际上从出生后便开始了，并且头三个月后会大大减弱。这意味着，如果直接从出生起就开始自然的婴儿护理，一切都会变得自然、简单。我们从一开始便在两个男孩身上受益许多：美好、愉快的婴儿时期，无数个宁静的夜晚，就连家庭关系也变得更为和谐。孩子从出生起就睡在我们身边，我给他们喂奶并且在白天背／抱着他们，对于我们来说，这些是再自然不过的事儿了。

这意味着“脱去尿布”是婴儿的一项基本需求，就和需要亲近、背着、喂奶或同睡一样。婴儿从出生那天起就尝试着告知我们他们必须尿尿或是便便的时间，表现方式因人而异：吵闹，进行手、胳膊或腿部的活动，改变面部表情——如果得不到帮助，便会哭闹起来。如果之前的征兆得不到任何反应，那么反应便会升级。

这同亲子间的交流密不可分。就像饿了的时候，婴儿或幼儿会试图告知父母一样。有些婴儿，譬如我的女儿莱奥尼，她会千方百计地提醒我们注意她的排泄行为，并且大哭大闹，其他的孩子会依照情况或多或少地表现出心满意足或是心灰意冷。

把尿姿势

父母要注意为孩子把尿的姿势。当我们抓住孩子的大腿，使其张开，用自己的身体支撑住孩子的后背，然后再要求他 / 他排尿时，大多数孩子都会接受这种方式。我们可以将小婴儿松松地抱在怀里，将容器（比如面盆）置于其臀部下方。涉及年龄更大点的婴儿，我们可以扶住他 / 她的腋下，将其小腿置于便盆的边缘，接着向后倾斜他 / 她的臀部，再为其把尿。还有一些母亲选择带着孩子一起上厕所，她们向后倾斜，将孩子的大腿紧紧地夹在自己的双腿之间。

涉及男孩的把尿问题，为了避免孩子尿在自己身上，建议父母稍稍按压孩子的阴茎。一只手握住孩子的大腿，另一只手轻轻按下他的阴茎。非洲黑人母亲常常让婴儿坐在自己隆起的脚背上，如此为其把尿，便不会尿在身上。在此，我想鼓励您稍做尝试，从中找出适合孩子、为孩子所中意的把尿姿势。

婴儿的信号

家长得学会注意婴儿的**信号**，主要分为以下几种：

- ☑ 变得焦躁不安
- ☑ 手舞足蹈
- ☑ 轻声哭泣
- ☑ 喂奶时停止动作
- ☑ 频繁的眼神交流
- ☑ 表情变样

自出生第一天起，如果孩子感觉自己“必须”做某件事的话，便会给出信号。每当他饿了、感到疲惫或无聊时，母亲都需要同其进行身体交流。同样，如果婴儿“必须”做一件事时，他也会以相同的方式发出信号，这些信号用来向我们说明自己的需求。不过，大多情况下我们对这些信号的存在一无所知。原因在于，我们读不懂且解释不了婴儿的肢体语言背后的信号，于是便会产生这样的误解：婴儿并不具备交流能力。事实上，小家伙们的能力远远超出你我所想。我们必须摆正态度，重新认识这一情况。

印第安部族的人可以掌握孩子排泄的时间。当我们询问原因时，他们会立刻露出惊讶的表情，认为这一问题相当荒谬。他们回应道：“我们是怎么知道自己必须排泄的呢？不是同一个原因嘛！”某种程度而言，这一问题的荒谬程度同我们掌握不了自己的排泄时间不分上下。他们完全依直觉行事，脑部的镜像神经元起到了很大的刺激作用，它是直观感知和理解的基础。

我建议母亲们不要给自己施加不必要的压力。每次换尿布时抱着孩子，或是纯粹根据孩子对尿盆的感觉付诸行动。当您注意到小家伙情绪低落时，就应当马上作出反应了。

大多数的母亲会发现，当她们把孩子的尿布脱下时，小可爱们往往才会“飞流直下三千尺”，这表明婴儿们在使用尿布时并不会一次性地全尿出来。

渐渐地，您应当开始关注婴儿身上的这些信号，或者至少反问自己：“我们想这样吗？”这并非一条单行道，要么作出决定，要么等待信号，孩子会表明自己的需要。首先，采取行动，对孩子提出要求，把他/她带到排泄的地方。其次，关注他/她的信号，或者至少询问一下，因为孩子同您之间的关系一直处在变化的状态。这意味着，您的信号可以触发他/她的冲动，反之，孩子也会触发您身上的运作机制。这样做的目的在于：**引导孩子独立，确切地说，越早引导越好。**

如果您事先没有询问孩子的意见，便将其带到排泄的地方，那么您也指望不上他/她会好好听话。我们应当将孩子的需求放在第一位。换个角度来想，当孩子不愿吃饭时，他/她会紧闭着嘴巴，用勺子敲击您的身体，或者做出诸如此类的反抗行为。他/她想让您明白，自己现在并不想吃饭——即便您威逼利诱也无济于事。所以，排泄这件事儿还得尽可能地从孩子的需要出发。

不过，如果孩子恰好在您离开屋子、将其放到床上之前醒过来，那么得由您决定他/她的排泄时间。在这种情况下，您完全可以发挥引导作用。

晚间，婴儿也不只是在简单地排尿。我同其他很多母亲都观察到，婴儿常常到凌晨五点（大约是五点）都不会尿湿被窝。涉及的具体情况，父母们可以参考我的相关研究：抗利尿激素（ADH）确保了尿液的回流，这样，膀胱在夜间便不会溢尿出来。这种激素已经活跃于婴儿的身上，昼夜交替着发挥作用。

- ☑ 不要有压力。
- ☑ 注意观察孩子的信号。
- ☑ 同孩子交谈。
- ☑ 关注与孩子之间的互动。
- ☑ 相信自己直觉，对孩子的需求作出判断。

如何对信号作出反应

几天大的婴儿时常会在喝奶时排泄——嘴还喝着，下边便尿了出来。这时，他 / 她便停下喝奶，紧张地盯着母亲。若是出现这种情况，我会停止哺乳，抱起孩子，过一会再喂他 / 她奶喝。照我这样做的话，您便能更好地了解婴儿的需求。在您开始哺乳之前，脱光孩子的衣服并将其包裹在毛巾里才是明智之选。您可以事先备好一个尿盆，需要时，便可毫不费力地将其推到婴儿的臀部之下，供其排泄，或者直接待在洗手池旁边。倘若您了解婴儿的生活节奏，并且可以懂得他 / 她的信号，那么便可以就此事先同他 / 她交流，告诉他 / 她，自己会先喂一边的奶，待到排泄之后，再继续喂另一边。通过这种方式，您将会看到孩子快速发展的理解能力。

快速回应婴儿的信号才是关键。同他/她交谈，告知其现在所做的事的重要性。倘若您不确定自己是否能够正确认清信号，可以通过以下表述进行询问：“宝贝，我感觉你现在想要尿尿，对不对？让我们过去看看，好不好？”这样婴儿便能注意到您的努力，注意到您是如何读取他/她的肢体语言，注意到您的专注以及想要尝试理解的心情。如果您未能注意到孩子的信号，也可以平静地说出实情，鼓励他/她更清楚地表达出来。您甚至可以和孩子一同识别信号。一位母亲曾告诉我她的相关经历，她耐心地告知孩子：“宝贝，你尿尿的信号究竟是什么呢？”随即，孩子将脚向内卷起，于是双方都明白：卷脚就是他的信号。这真的起了作用！

交流与直觉

您看，交流是多么重要、多么复杂！参与研究的父母们几乎异口同声地说：首先，他们会对下一个孩子再次使用“脱去尿布”法；其次，这种方法真的会促进交流，加深亲子间的关系。这样，孩子便会觉得自己受到了重视，他/她还观察到父母的陪伴、理解和行动。父母读取了孩子的信号和肢体语言，并将其视为彼此交流的基础。如此促进了婴儿的深入交流，婴儿对父母的信任感也得到增加，情绪很容易平静下来。基本的信任感由此产生。

茱莉亚•迪本是一位来自德国的女性，她乐观开朗，身兼数职。她既是一位母亲，也是一名新闻工作者和“脱去尿布”法的培训员，她在《出生的婴儿》一书中写道：“为什么我选择‘脱去尿布’法呢？对我来说，其中的联系和加强交流最为重要。没有育儿经历的父母可能对此无法理解，但以过来人的角度看，效果真的令人难以置信！婴儿知道自己感觉到的东西会得到感知和反映，明白自己的问题会得到解答。”

如果婴儿察觉到自己的信号接收不到反应，便会感到恐惧、不安，继而失望，最终听天由命。

交流中不能忽视直觉的作用。您会越来越多地依赖自己的直觉。母亲和孩子之间发生的很多事儿都是依靠直觉来解决的。直觉是大自然赠予母亲们的礼物。具体发生了什么，我们一无所知——但最终，我们会从各处了解到很多事，这都是直觉在起作用。我们不仅可以，而且应当将直觉用在婴儿身上。

很多母亲凭借直觉便能知晓婴儿的饿点。直觉产生时，乳房开始泌乳。即便还未看到孩子，您也会察觉到孩子的不对劲，感觉到他 / 她正在生病等。这就是母子间的内部纽带，理应得到加强。您也应当将此直接运用在脱去尿布这件事上。当涉及婴儿的需求时，母亲们应当再一次相信自己最初的直觉。就这一点而言，她们往往会胜过父亲。母亲和孩子之间由此产生了一种统一，或者说是一种默契，在默契中他们可以毫不费劲地进行相互交流。

完全放弃使用尿布？

总有人问我：我必须完全放弃使用尿布吗？办法到处都有，您应当作出自己心中最正确的选择，简单地权衡利弊。

仍旧使用尿布的优点在于，弄脏自己的次数要少一些，必须照顾孩子的时间也更少。但是孩子的敏感期会对您造成困扰，待到孩子年龄稍大点，可以坐着的时候，您便可以把他/她放在便盆上了。

而脱去尿布的好处数不胜数：**您能快速感知到孩子的需求，和孩子保持着良好的沟通，增强自己的直觉，快速感知孩子的需求。**

也许您会选择中立：如果效果良好的话，您便会完全放弃使用尿布，但倘若遇到困难，您便会在棘手时使用尿布。这样看来，使用尿布，实际上存在着很大的变数呢！

我的孩子也使用过尿布，最后我不得不自己研究方法。但我清楚，放到现在，我会尽可能地不使用尿布。还在生养大女儿时，我曾无数次地扔掉大女儿的尿布，因为它们质量不好，特别容易破碎。当时的我，绝想不到自己日后会完全放弃使用尿布。因为广告的宣传效果，我的脑海中一直浮现着一幅可爱宝宝穿尿布的画面。

完全放弃使用尿布的母亲们告诉我，当她们待在婴儿身边，或者迫于无奈伴其一旁时，小家伙总会在晚上吵醒她们。夜间，婴儿会有明显的排尿规律：必须排尿时会醒过来，喂完奶之后又会再次入睡。一些母亲会在婴儿身边放上垫子，以防尿湿床铺。我常听母亲说，只有自己起身拥抱孩子时，他 / 她才会安静下来。这种方式下长大的婴儿，大脑以及器官都受过相应的刺激。显然，日后出现的差错要少得多。

差错

研究表明，婴儿越早脱去尿布，最好在出生后的第一周，日后出现的差错就越少。但是差错时时都有！不要想“我做错了什么？我漏掉了什么？”因为孩子时时刻刻在成长，所以出现差错在所难免。重要的，只是数量多少的问题。每一步的发展都带来未知数和变化，先前正常的事情也会忽然出现漏洞。疾病、疫苗、长牙、父母的压力、迁居、分别以及孩子周围环境的变化，都会造成改变。弟弟 / 妹妹的出生也会使孩子失去平衡，甚至会在一段时间内出现发展倒退的现象。

您也看到了，以上列举的情况这么多。那么，该做些什么？您最好保持冷静，不要总是纠结于寻找错误，而是要给予孩子必要的关注和爱护。大多数情况下，一切都会渐渐恢复正常。

陌生照料

我反复听到这样的言论：“照顾孩子没有任何意义，他 / 她反正迟早会上幼儿园。”这句话真不中听！试想，到底是为了孩子开办幼儿园，还是为了用幼儿园生活来改造孩子？要知道，这同以下的想法一样令人莫名其妙：我现在不给孩子喂食，因为反正他 / 她之后会去幼儿园吃的。我们相信孩子在幼儿园也能吃得很好——产生上述想法的原因恰在于此。我们应当以相同的方式来理解“脱去尿布”这件事。仅仅因为它在我们身边传播得不是很广泛，就选择性地忽略吗？幸运的是，很多其他文化环境的人对此所持的态度迥然不同。

一位母亲曾告诉我，她是如何在“脱去尿布”上实践成功的。“我把孩子送到幼儿园，告诉工作人员我要脱掉她的尿布。他们虽然从未听过家长提出这样的要求，但还是很快做好了给我女儿把尿的准备。于是，其他孩子注意到了这种情况：一个小宝宝都已经不用尿布排泄了。这样，年龄更大的孩子也想着去洗手间排泄。”您可以作出新的尝试，以此改变那些照顾自己孩子的人。观察婴儿时，我们时常会暗自心想：他们将如何完成排泄呢？其实，这同喝奶大同小异。一位选择在医院分娩的母亲对我说：“从出生第一天起，我的孩子就已经不用尿布排泄了。一位‘传统的’助产士看到此景后失声痛哭。她被深深地感动了，说自己一生中从未见过这种情况。”

4.2 心理需求

孩子非常敏感，我们已经在上文中提到，**未知数和变化会对孩子的心理平衡产生影响**——这只是一种自然现象。我们也注意到了产生负面影响的罪魁祸首。所以说，**清洁行为是衡量孩子心理状况的标准**。

清洁度和心理活动之间的关系十分紧密。我们来看一看动物是如何处理粪便的：它会做出规划标记、划定界限、挖坑埋葬等一系列行为。粪便得到了有效处理，整个过程趋于程序化。粪便在动物世界中扮演了重要的角色，例如，狗狗只要感觉到饿意，便会舔舐幼崽的粪便。然而，一旦拿来其他的食物，它便会将粪便从窝中清除出去。鸟类也会仔细地清除孩子的粪便。这样幼鸟便会明白，自己不能弄脏巢穴。粪便含有细菌，会挥发出臭味，进化生物学告诉我们，要尽可能地远离粪便。而我们自己，也能感觉到这种令人不舒服的气味。下水道堵塞后会衍生各种流行疾病，我们对此也是一清二楚。有些人在尿失禁时会产生羞耻感，尿床后也会进行掩盖。

有些常穿尿布、本不该尿湿裤子的孩子，在排便时却需要尿布，他们也会待在角落或是爬到桌子底下排便。我一再遇到这样的事件：一个五岁女孩的父母最后别无选择，不得不将其送进医院治疗。父母曾用尽所有可能的方式，完全充满爱与理解，尝试将这个女孩挪进洗手间，谁知，孩子产生了反抗情绪，不知该如何排便了。

一般而言，家长会对以上行为感到惊讶，因为这对他们来说十分陌生。但是我并不觉得惊讶。多年来，孩子学会了在尿布中排便。

他／她每次都会经历一种完全特定的感觉，并且最终会在臀部感知到自己的大便——甚至会对潮湿且暖和的东西产生愉悦感。因为他／她一直对此有所体验，所以大脑会将这种感觉打上正常且符合逻辑的标签。现在忽然要在洗手间里排便，用水洗干净他／她的臀部，孩子会感觉不对劲，甚至会产生恐惧感。他／她之所以选择待在角落，或是爬到桌子底下，无非是想表达自己的感情：我并不想被注意到。他／她自动地为自己最隐私的东西建造了保护的壁垒。我们天生不想被他人注意到自己在排便。排便时，我们会关上门，如果感觉到旁人注视的眼光，便会停止这一行为。

从心理上来看，考虑"脱去尿布"也很重要。我们应当质问自己：西方尿布文化所造成的损失有多大？从而通过再次感知和正确刺激天生具有的发展步骤，从生物学角度出发，看待问题。

反对使用尿布

另一个有趣的问题是：漫长的"尿布生涯"中，每个婴儿都会毫无例外地产生抗拒感。这一点在心理学上还未得到研究。但是，事实的确如此，每个婴儿都会或早或晚地抗拒使用尿布。现在，几乎所有的父母都证实了我这一观点。他们多次期待着我给出一条建议，即如何将孩子"包裹"起来。因为婴儿时常会产生一种巨大的力量，伸展自己脖子和背部的肌肉（角弓反张），我们若是没能使上点力气，是无法为其穿上尿布的。

之后，父母便会面临困境：他们认为婴儿需要尿布，同时必须对其施加一些东西，而这些东西会违背其意愿。现在，父母越是尝试给孩子穿上尿布，孩子的反抗就会越强烈，他们会出现明显的角弓反张现象，并开始猛烈地尖叫。医学上将角弓反张视为不同的神经疾病造成的明显症状。我们常常观察到健康的婴儿会伸展脖子和背部，他们会毫不犹豫地进行反抗和自卫。实践表明，这时需要改变孩子的周围环境——该症状证实了孩子此时的失衡状态。

在我看来，情况一目了然：孩子无法用其他更清楚的方式表达自己不想用尿布的想法。他 / 她纯粹靠直觉感受到尿布的作用，即它能接住自己的排泄物。直觉告诉他 / 她，自己对此接受不了，所以他 / 她反对使用尿布，讨厌被人包裹起来的感觉。孩子感觉自己的“遗传程序”遭到无视，角弓反张就是其表达厌恶的方法。

环境、垃圾和花费

您在网上可以查到相关的统计数据，在此我不再过多提及。是否脱去尿布，是此次讨论中无法规避的话题。如果您考虑使用尿布，如果孩子穿尿布的时间长达三年、四年、五年或是更长时间，您有想过，自己为此消费的资金有多少吗？想过由此消耗掉多少材料吗？堆积起来的废弃尿布有一座山那么高！要知道，这些废弃尿布大约需要三百年才能腐烂。它们既不能回收也无法成为肥料。单单在德国，每年扔掉的尿布就达到三十四万吨——这的确值得我们深思。

在没有需求的地方创造需求

在修订本书时，我翻阅到桌上《Nido》杂志中的一篇报道（2012年11月版）。我了解到了一些信息，如今，家长们偏爱使用尿布，制造商们也掌握了精妙的销售之道。尽管反对之声同样存在，但大多数人会直言不讳地告知我，因为杂志上刊登了很多尿布广告，他们也惹不起相关的人员，所以不想将“脱去尿布”这一主题提上议程。因此，我时常会对此进行讽刺：“有些人至今对尿布一无所知，与学习其他民族的育儿之道相比，我们更愿意输出自己的尿布文化。”

《Nido》上有这样一篇文章，名为《包裹》，它详细介绍了如今的状况：“发达国家婴儿出生率越来越低，因此尿布生产商开始在中国和其他发展中国家寻求利润，多在那些至今无人使用尿布的地方。”美国公司帮宝适（宝洁公司）投入大量的金钱，企图在未使用尿布的地方创造需求。它建议妈妈们通过使用尿布变成更好的母亲。该公司开销巨大，致力于开拓适合中国母亲的消费方式。想要在从未使用过的产品上赢得家长需求，着实不易。至今，中国宝宝们在爬行时，仍穿着“开裆裤”——这样节省了很多精力。推动“尿布革命”耗费了宝洁公司不少的精力和财力。专家估计，该公司仅在中国尿布广告上的开支就达到了五亿欧元以上。不过自2000年起，帮宝适的尿布市场果真扩大了四倍。商人们当然不会错过如此良机，美国、日本和中国的生产商们早就签订了利润丰厚的交易。

在我看来，父母们应当减少该类垃圾的消耗，将孩子的生活还原到最自然的模式，而不是任凭其躺在自己的排泄物之中，这对臀部的肌肤也有伤害。要知道，上述跨国公司关注的不是孩子的卫生和健康，而是自己的利益。我们应当采取行动，减少该类垃圾的数量，为孩子创造一个更好的未来。

孩子何时才不会尿湿裤子

倘若出现了以下两种情况：我们并未错过敏感期；换尿布时，婴儿适应了去洗手间排泄。那么，恭喜您，他 / 她已经学会关注自己的膀胱，并会在一定的时间内将它排空。渐渐地，婴儿的膀胱可以容纳越来越多的尿液。在出生后头几个月内，孩子即便在午睡后，也可能不会尿湿裤子。

初见成效之后，在一年到一年半的时间内，孩子也将不会尿湿裤子。这时，我们便可以放弃使用尿布。时间长短完全取决于我们将排泄责任转交给孩子的速度。当他 / 她不再使用尿布的时候，尿湿了裤子，便会有不舒服的感觉，更愿意寻找便盆进行排泄。脱下几条裤子便能解决问题，对母亲和孩子来说要更简单、更迅速。夏天是彻底脱去尿布的合适季节，过于寒冷的天气会形成刺激，增加我们的排尿频率。气候温和时，我们可以更好地控制膀胱，毕竟只需要穿上轻便的衣服，排尿时也更方便些。

家长应当作出明智的选择，不再给孩子裹上尿布，给予他们适当准备的时间。初期，孩子常常会沉迷于游戏和幻想世界中，很容易忘记排泄，需要母亲或父亲的帮助才能记起。

我们应当转移孩子的注意力，询问其是否想要排泄，这样，才能对其有所帮助。一段时间内，他 / 她会暂时忘记游戏，将自己的注意力集中在膀胱上，同时作出判断：自己是否要去上洗手间。倘若孩子的回答是否定的，那么，即便我们事先知道孩子喝了很多的水，也要无条件地接受他 / 她的选择。五到十分钟之后，再尝试询问一遍。

此刻，**孩子会对自己的膀胱情况作出自己的决定，这一点尤为重要**。如果只是简单地将他 / 她带进洗手间，按在便盆上，那么就毫无意义可言。他 / 她应当在自愿的条件下变得整洁，而不是为压力所迫，从而完成排泄。

大约二十个月大的时候，孩子能够自动完成排泄（也就是说，不久之前——还在爬行阶段——已然能自愿地爬向洗手间的便盆）。待到漫漫长夜，进入深度睡眠阶段的孩子尿床的概率大增。不过，可以确定的是，白天不会尿湿的孩子，如果他们在上床前有机会排掉一部分尿液，那么夜间出现尿湿的次数相对要少一些，只是尿布偶尔会湿而已。

将熟睡的孩子抱起来，放在洗手间也是无济于事的。如果在睡梦中被吵醒，孩子会十分气愤地作出回应。不过，如果孩子在睡觉前喝了很多水，我们便可以向他 / 她解释：你可能会将尿布尿湿，所以睡前先尿个尿。经过他 / 她同意之后，父母便可以在夜间再次将其抱起，这样他 / 她便能排空膀胱。只要经过孩子同意，哪怕在半夜他 / 她被抱起来时，也不会真正地醒过来。再次入眠之前，他 / 她便知道自己会被抱进洗手间，在那里完成了排泄。

感知到敏感阶段的孩子会在一个特定时间作出反抗，不在便盆上进行排泄。我们最好用平静、幽默的方式，轻松作出回应。或许我们应该休息一会，坐下来看一本图画书，讲述一个小故事或者使用一个想象中的第三方来应急，譬如一个小丑玩偶或者孩子最喜欢的玩具，让它对孩子提出排泄的要求。在小丑玩偶突然用伪装的声音对孩子说话时，孩子会忘记家长的要求。他们睁大着眼睛，痴迷地看着小丑（也可以是玩具车或其他物品），大多数时候会满足玩具的要求。不过，情况也可能会同上述提到的那样，回归到倒退阶段或未知阶段，导致孩子在一定的时间内失去平衡。

您可以在我的个人网站 www.rita-messmer.ch 上找到有关“脱去尿布”的视频。这些视频会帮助您了解其他家长是如何实施此种方法的。

5

学会独立

- 危险属于日常生活
- 正确对待危险
- 当爬行的孩子并未遇到危险时，会发生些什么
- 进食
- 爬行和走路

5.1 危险属于日常生活

放眼望去，在今天，症状的防治工作开始运作起来。医学上，人们正竭力克服着各种病症，而非研究造成此种病症的原因；环境上，人们尝试着设置极限值，绿化森林，保护动植物，而非消除干扰的环境因素；政策上，处理失业造成的结果，而非对抗失业本身。人们关心毒品、酒精和滥用尼古丁造成的后果，而不是确保这些瘾症不再生成。同孩子打交道也是一个道理：处处充满着危险警告，而非作出实际行动，父母们变得忐忑不安，只能唤起自己内心深处的恐惧。

在瑞士，事故预防咨询中心（BFU）会给父母的家中寄一封“儿童邮件”，以便告知他们孩子可能遇到的所有的危险。

像 Pro Juventute 这样的组织或德国的一些社区，都会给父母寄一封列有可能发生危险的警告性质的“儿童邮件”。结果就是父母会有所行动，消除、拦住或禁锢孩子一切可能自我发挥、自我充实和学习的机会，怀着更多的恐惧和未知，在一个想象的充满危险的世界里，阻碍孩子前进的步伐。即便这些小册子可以提供一些有用的信息，但其带来的负面影响是：会给父母们传播恐惧感和不安全感。今天，大多数父母见多识广，但对于失去孩子仍怀有很深的恐惧感。**更有意义的做法是，向孩子介绍危险，而非激起他 / 她的恐惧感，孩子具备了为自己行为承担责任的能力。**

其他国家的人已经明白，必须采取相反的措施，否则孩子会依赖他人，变得害怕、郁闷或沉重。很多孩子甚至连翻跟头也不会，他们姿势错误，导致头痛背疼。缺乏活动导致孩子出现了运动问题。一个真正的恶性循环出现了：研究表明，每四个孩子中就有三个因缺乏运动，出现了身体损伤方面的问题。因此，现在的电视、报纸或杂志提出了愈来愈多的建议，要求家长应当让孩子做运动——缺乏锻炼、经历和探索周边环境的机会，比从树上掉下来摔断胳膊要糟糕得多。伦敦密德萨斯大学的风险研究员大卫·鲍尔提出：伦敦和澳大利亚在引入减震基面之后，体育场上骨折的人数（本来很少）反而上升而非下降。对此，鲍尔说："孩子们认为软地基要更安全一些。"他们知道摔倒在硬地基上很疼——也因此而更加小心。

最终，对事故的恐惧和对孩子持续的关心反而背离了人们最初想要阻碍发生事故的初衷。其实，**最佳的预防，就是教会孩子如何应对风险和完成挑战**。

房屋中的危险列表很长，从楼梯、清洁用品、药品到热炉子、熨斗，再到电源插座和四处摆放的玩具，都在涉及范围之列。遗憾的是，对于事故的发生次数并无调查，这是由于很多东西被父母锁住、防护和拦住了。在他们看来，孩子很有可能会遇到这些危险。

> 孩子应该也必须学会了解以下三点：
> 清洁产品和饮料不一样；
> 锋利和尖锐的东西会伤人；
> 炉子只能用来烹调热腾腾的饭菜。

人们不必等（就像常常被错误假设的那样）到孩子的智力成熟到足以理智地接受危险。相反，因为孩子特别敏感，所以他 / 她能学会评估自然中相应的危险，摸索出与其的相处之道，在童年时期便会掌握这项本领。认知危险的敏感阶段大约从三到四个月开始，之前孩子仍未具备重视危险的能力。

在这一阶段，**孩子的感知觉器官会将了解的关于世界和环境的一切告知于主人。**现在获得的信息，被储存进大脑一个随时可以立即召回的地方，这样再遇到危险时，便会因为之前的经验而受益。倘若面临的是思维上的危险，则必须寻找到适当的行为，那么耗费的时间会更长。这是因为理解能力或许会受到某些情况的阻碍，譬如疲劳、疾病、游戏等。相反，更深层次的意识会一直保持完全清醒的状态，并对随时投入使用做好准备。

这个时期，我们在识别危险时，不仅凭借着自己的认知，直觉和相关的感知觉器官也在投入使用。举个例子，海啸来临时，动物能及时地到达安全地带，这是如何而来的？地震时，动物也常常在我们能感知之前作出反应。我们同样拥有这些敏感的天赋，不应让孩子丢失这项技能。

爬行阶段，我们应当带孩子接触尽可能多的危险，以便其尽早学会一切，并将其储存进大脑中。让我们想想大脑中错综复杂的网络和相互间的连接！

一些家长常常纠结于植物（包括有毒的）是否可以放在家中。我自己的答案是肯定的。不过，我总是建议家长注意孩子。我深信，在大自然中长大的孩子不会吃掉任何有毒或是对其有所伤害的植物，因为孩子也会感觉到随便揪吃植物对其健康无益（即便没有事先尝试）。倘若孩子容易摘掉室内植物的叶片，我们可以告诉他/她，植物不喜欢这样，摘叶子会弄疼它们。孩子之后便会停止这种行为。

珍·莱德罗芙在书中写道："儿童玩尖锐的刀具并无危险。"大家可能对此持怀疑态度，但我个人的经验却可以对她的例子进行证实。珍还描述了耶夸纳部落的印第安婴儿是如何在巨大的坑边玩耍和爬行的，而这个坑是专门用于建造房屋的。见到这样的情况，您肯定会冲过去把婴儿从坑边抱走。而珍却注意到，没有一位母亲动弹一下将孩子抱回来，也没有一个孩子面临掉下去的危险。在我们这儿，父母、（外）祖父母会一直追在孩子身后，生怕孩子遭遇危险。即使我们的社会在某些方面的确充满混乱和危险，但孩子是天生具有防备能力的，他们可以对所有危险作出相应的反应——如果我们使其重视危险的话。

我们的保护天性没有起到应有的作用，过度庇护会对孩子造成阻碍。我们阻碍了他们积累经验，而他们的健康成长却急需这些经验。所以，我们必须同自己的恐惧感作斗争，不再有阻碍孩子发展的冲动！

认识危险也有一个敏感阶段。从一开始，我们便将其紧紧地掌握在自己的手中。同所有动物一样，人类同样拥有生存的欲望。新生儿的所作所为、所想所思都仅仅是为了生存。孩子没有任何的自杀意图，他 / 她天赋异禀，愿意接受和触碰一切我们标记为危险的东西。当我们向其解释自己某刻必须离开，不能照顾他 / 她时，一个发育健康的婴儿在三到四个月大时，已经能对包装台作出反应。为了向父母展示孩子会如何反应，我尝试在自己的培训课上说服他们，至少做过一次试验。我建议他们给包装台的周围装上软垫（为的是保护父母自己，以便克服他们心中的恐惧），并向婴儿展示他 / 她会从包装台上掉下来。这项试验在较低的地方，譬如床上，也是可以进行的。操作时，您得向孩子解释，自己必须出去一小会儿取个东西。在门缝或拐角处，您便能观察到，之前还手舞足蹈的婴儿直到您回来之前会一直一动不动地躺着。您必须确保婴儿真的看不见您，让他 / 她必须相信您真的已经走远了。

儿童应当学到一点：这个世界充满危险。掩盖这一事实的行为最愚蠢，也毫无意义。但是，以上的做法在家中却常有发生。不论是出生后的第一个月，还是到了学习爬行的年龄，他们都成长在一个完全封闭、安全的世界里。如此，他们在家长安排好的敏感阶段学到的是：世界是安全的。孩子从中学到的东西最没有意义，因为它并不是真实的。

5.2 正确对待危险

涉及危险，仅仅保持警惕是远远不够的。一直将孩子留在身边，反而会得不偿失。这要求教育者能将心比心，同孩子保持和谐的关系，所作所为也要三思而后行，以便让儿童经历危险，并在大脑中将其存储起来。

独自一人时，儿童会产生不舒服的感觉。在我看来，不应该留其孤身一人。就算实在没办法，那也只能是一小会儿。当母亲在厨房里忙事儿时，即便婴儿高兴地在地板上玩些什么，他 / 她也会听到让他 / 她产生信任感的杂音，同时充分意识到母亲的存在。母亲在离开时认为孩子对此并不注意，不久后便会因其叫嚷而悔悟过来。尽管只是短暂的离开，我们也应当一直用言语提醒孩子注意。如果离开的时间不是太长，孩子之后便不会再叫嚷。

德博拉·布鲁姆在《发现母性之爱》一书中写道哈利·哈洛用绒布母猴做了一个实验："小猴子们涌向绒布母猴，贪婪地抓住她，揉着布猴的身体，抱住她……然而，一段时间之后——只要她（绒布母猴）出现——小猴子们便在小房间里四处张望，寻找自己的兴趣所在。它们稍微爬了几下，四处推着一块小拼图，回到了母亲的怀抱，然后咬了咬周遭的玩具，又回到了母亲身边。但是如果母猴不在场，也就是当科学家将绒布母猴从房间拿出去时，小猴子们便完全孤单了。它们尖叫起来，蜷缩在一起，摇摇晃晃，吮吸着自己的手。"

读到这一幕时，我深受感动。我们看到小猴子们如何在“假想的”母亲面前探索着自己的安全区域，对“母亲”不在场作出了强烈的反应。我们从这种行为中看出了与人类婴儿的相似之处。这项实验告诉我们，对于儿童的照顾不能仅停留在喂养层面，得让他们感知到父母的存在，从而产生安全感。

孩子知道自己需要母亲或父亲的保护。当他 / 她开始爬行时(开始移动身体)，为使自己免受伤害，他 / 她会在照料人那里获得安全保障。在同照料人进行眼神交流的过程中，确认自己是否能获取安全感。孩子希望母亲向其展示自己周围环境的组成结构，内心的欲望使得他 / 她探索自己的周边环境，这是他 / 她理应完成的任务。不过，孩子很清楚自己仍需要帮助，这是因为他 / 她对周围环境的危险程度还一无所知。

孩子准备好去检查和探索自己的领地，并且将不断扩大自己的领地。但他 / 她仍会待在母亲和照料人的四周，尽可能地保持眼神交流。母亲会向其示意危险，给予他 / 她征服新领地的信心，帮助他 / 她看清危险本身。当母亲在公寓里向他 / 她示意危险时，她并不是阻止孩子接近或是撤回危险，而是用言语提醒孩子，并向他 / 她解释后果（譬如“看，这是楼梯，你可能在会在这儿摔跟头，那可是很疼的哦”），这样她便能确定孩子的反应方式。重要的是，**要平和地说出此番信息，语气不能激动或带有威胁性。母亲只需要单纯地陈述信息。**

孩子很有可能会期望更进一步地探索危险。我们呼吁照料人支持此种尝试，而非对此阻碍。假如出现上述的楼梯事件，父母可以这样做：站到离台阶两三步远的地方，让孩子自己去试验。通过简单地观看，或是勇敢地向前尝试——他 / 她便能依靠双手尝试着到达下一层阶梯，这样孩子便能收集关于楼梯的“数据”信息。当可能出现危险时，父母应及时给予帮助，以便接住摔倒的孩子。**在这种安全的环境下，父母就是让孩子自己试验，既不插手，也不说话，而是仅仅扮演着现场观察者的角色，只会在紧要关头接住摔倒的孩子。这样孩子才有可能在最后将危险存储进大脑中。**孩子拥有很强的生存欲望，对于那些自己还不具备能力克服、不知道如何处理的危险事件，他们不会轻易尝试。

> 珍·莱德罗芙写道：“母亲应当给予孩子社会本能，让孩子认识到自己对他／她有所期望，期望他／她能明白，自己十分关心他／她的安危，这样孩子便会合作并相应地付诸行动。反之，如果母亲一直盯着孩子，无法给予他／她完全的信任，那么即便是在允许涉足的地方，孩子也会受到控制——母亲会让其停下来，或是跟在其身后跑。正是由于以上所谓的期望，所以到了孩子自愿做事时，便几乎不会再学会对自己负责了。”

莱德罗芙的书中出现了前文提到的例子，就像耶夸纳部落的印第安人让孩子通过和水打交道来重视危险一样：“耶夸纳人利用婴儿对这种行为产生的喜悦感，在婴儿同意的情况下，不断将其浸入湍急的河水中。从出生起，沐浴变成日常的例行事务，部落里的每个婴儿，都曾体验过浸在湍急的河流中的感觉，先是脚，继而是腿，最后是整个身体。水流越来越急，到最后甚至会在漩涡、激流和瀑布中进行试验。如果婴儿的表现越来越自信，那么其承受水流洗礼的时间就会越长。在学会奔跑或产生思考之前，耶夸纳部落的印第安宝宝们就已经通过观察，成为评估水力、水向以及水深的专家，并成为世界上最有能力的‘皮划艇运动员’。”

基于这种意义，**我们可以故意创造刺激，尽早磨炼儿童，使其变强。**如果我一直保护着自己的宝宝，那么这既是对他 / 她的不信任，也显示我没有对他 / 她抱有任何期望，他 / 她因此很有可能变成一个胆小的孩子。最糟糕的是，如果孩子天生不够强大，那么他 / 她之后几乎不会对任何东西产生信任感。然而，当我一直观察着他 / 她的情绪，引导他 / 她接触危险，并在这一过程中很是小心，保持着愉快的心情同他 / 她嬉戏玩耍，这样他 / 她便会形成习惯，感知觉器官也会得到训练和加强。

一个父亲伸长胳膊将婴儿抱在空中，然后大笑，婴儿会模仿其行为，在游戏中产生极大的愉悦感。渐渐地，父亲的动作幅度越来越大，他将婴儿轻轻抛向空中，然后再一次接住，随着高度的增加，婴儿开心地尖叫起来。

有些家长从一开始便会在游戏中期待宝宝的害怕反应，甚至希望他 / 她能用言语表达出来，这将自动触发孩子尖叫和哭泣的行为。婴儿观察着我们：他 / 她期待着我们向其示意应当如何表现，并相应地作出反应。**孩子是我们的镜子，他们的行为反映着我们自己的行为。**从出生第一天起，稍作观察便会发现：当我们伸出舌头时，婴儿也会向外伸出舌头。察觉到我们脸部的恐惧，他们也会反映出这种恐惧。这很正常，也符合逻辑。反之，他们也会向我们微笑，传达出喜悦之情。

- ☑ 请您不要清除危险隐患。
- ☑ 请您发出危险信号。
- ☑ 如果可能的话，请您激发出危险。
- ☑ 请您在孩子冒险时，确保他/她的安全。
- ☑ 请您保持平静，给予孩子信任感。
- ☑ 请您对孩子的探索欲表现出喜悦之情。
- ☑ 请您信任孩子。

5.3 当爬行的孩子并未遇到危险时，会发生些什么

如若日后发生意外，父母便会追悔莫及。追根溯源，这是因为他们并未告知孩子“世界处处充满危险”的道理。孩子没有机会事先将自己的“计算机”（即大脑）程序化，这样，日后便很难避免生活中出现的意外，还要以更为艰难的方式进行学习。大多数成年人如果遇到危难，都会进一步加强自己的防御措施，但孩子很难相信，原因在于他们因周围环境而感到不安，并且深陷于恐惧之中。在没有“防御措施”的前提下，孩子不得不面对真实而残酷的现实，只能通过身体上的伤痛体会到“世界处处充满危险”的道理。当他们去别人家玩耍时，如果那里的楼梯未装护栏，便有可能摔下去。所有经父母阻拦与防范而没能体验到的东西，孩子都会在别处有所经历，甚至会因玩火而烧伤自己的手指。

在家经历过危险的孩子，不仅学会了应对这些危险，也明白了“世界处处充满危险”这一道理。他们因此分外小心地探索着自己周围的环境，反复同照料人进行眼神交流以确认环境的安全度，会在危险临近时向其示意。孩子的安全感也由此建立。

我们必须教会孩子处理危险的方法。他们天生具备极其敏感的感知觉器官，我们应当完全信任他们。当我们向孩子示意危险时，感知觉器官会对此进行登记并将其传递至大脑。面对危险时，孩子拥有的强烈的生存欲望会让他们本能地求生，我们应当将此牢记于心。

在我拜访某个朋友的时候，女儿西蒙娜还只会爬行。朋友家有

一个长长的楼梯，这吸引了她的注意力。西蒙娜爬上楼梯，我立刻对即将发生的事充满好奇。我并未触碰她，只是向前靠了过去，告诉她：“看，这是一个楼梯，你可能会从这里掉下去，摔疼自己。”听完后，她便爬到了距离楼梯口约三十厘米的地方，伸出脑袋朝下看了看，然后小心翼翼地退了回来。

我对十个月大的婴儿的接受能力感到惊讶不已，她的反应着实出乎我的预料。孩子十分合作，求知欲也很强——她的生存机制显然是完好无损的。

孩子应当尽早发展自己对危险的感知能力，激发并培养出自卫的本能。这样，致使其出事的危险便会少得多，孩子可以又快又好地看清危险并懂得自我保护。相反地，如果我们磨钝了孩子的本能，他/她便会笨手笨脚、缺乏自信地应对每一个可能出现的危险。

紧紧地站在孩子身边并保持恐惧感是毫无意义的。意外在所难免，一刻不留神就会发生些什么。孩子应当学会对自己的所作所为负责。父母应当慢慢地建立起信任感，知道孩子会很好地照顾自己。他们行动起来并不像笨拙的庞然大物，也不会走几步就掉入坑中。危险伴随着孩子的成长，所以他们必须懂得同它之间的相处之道。

错误的安全

如果父母一直阻拦孩子接触危险，那么孩子很快便会明白，自己的探索欲是不受欢迎的。也许孩子对危险毫无意识可言，就拿游泳池和池塘来说吧，孩子会无所畏惧地直接朝那里走过去，父母的第一反应当然是将其抱回来。可是就在下一刻，他 / 她仍旧会更快地跑过去。不过，结果可想而知，当然会再次被人抱回来。这一次，父母会竖起食指以作警示，他们脸上的表情臭臭的——看上去十分生气，同时会相应地责备几句。但这一切都会引起孩子的兴趣，他 / 她想要——他 / 她必须对这块有趣且湿湿的蓝色区域一探究竟。脑袋里的一个小人儿一直在对他 / 她说："去吧，去看看吧，这很重要，你必须弄清楚这是什么东西。水面泛着迷人的微光，和你至今认识的一切相比，它看上去是如此的与众不同。"然而，父母再一次抑制了孩子的探索欲，且动作十分迅速。这一次，孩子的屁股也许会轻轻地挨上一巴掌。不管怎么说，我们的初心都是希望孩子学会听话，但所做的努力看上去往往徒劳无益。最终，孩子在被拖走时，仍然会激烈地反抗，大声地尖叫。

这周遭的世界到底发生了什么？孩子必须有所发现，对自己的大脑进行神经连接。好奇心是学习的动力，在这种情形下，孩子首先会了解到，父母遭遇了困难，同时在遇到困难时应当如何反应。他 / 她也明白这一困难和自己的行为有关。因为孩子不想给父母制造麻烦，所以他 / 她决定在日后为自己的冒险行动承担责任，也就是等待一个父母不在场的最佳时刻。为了不给父母制造麻烦，孩子会最后屈服于这个小人儿（好奇心），并对此一探究竟。

满足的好奇心

对危险有足够了解的孩子不会在脱离父母管教的情况下策划些什么，或是制造出一些麻烦来。他 / 她只会做自己分内的事儿，或者在熟悉的环境内活动，对自己的行为十分负责。因为他 / 她知道，在面对可能的危险时，如果父母不在场，那么不会恰好出现一个人来保护自己。

因为孩子知道危机四伏，所以一旦脱离了父母的保护，他们便不会涉足未知的场所。而当父母在场时，也不会阻碍他们探索新事物。通过这样的关注，孩子也愿意接受暗示。他们知道，**当周遭的环境传达出危险信号时，自己必须对此关注与重视**。

例如，孩子已经会注意来往的车辆，这种觉察危险的灵敏程度令人惊讶。他们仔细听着引擎的发动声，继而躲到安全地带。刚会走路的孩子也会躲进母亲的怀抱，这是因为他们仍估计不了车辆的来往方向。这时的母亲就意味着安全，所以孩子会走到她身边。这样看来，并不是母亲来到孩子身边，将其带离危险，而是孩子自己走向母亲身边。年龄稍大的孩子已经具备更好的判断车辆来往方向的能力，所以他们会直接躲进安全地带。渐渐地，还处在爬行阶段的孩子也会知晓对于危险的暗示，并作出正确的行动。我曾讲述一位母亲乔迁新居的故事。屋内的建造还未完成，客厅和阳台之间仅隔着几块木板，而阳台距离路面有两米多高。这位母亲说："我在托马斯十个月大的时候就告诉过他，他会在这里掉下去。自那以后，我观察到他会在木板上转向内侧，总是贴着安全的一面（墙面）爬行。我知道，他会对自己负责，而我在这件事上无须再担心。"

信任感

一个五岁大的孩子参与一项集体游戏。在游戏过程中，他必须穿过一条街道。做母亲的非常担忧，因为她之前从未让孩子一个人在外边玩耍。于是，母亲准备每天带着孩子参加集体游戏，往返接送，这样孩子不会遭遇什么意外。但孩子没有照顾自己的机会，不会对自己负责，孩子只会再次步步跟紧母亲的步伐，听母亲吩咐：“小心啊，到旁边去，在这儿站好了！”母亲向他解释过街的正确时间，一旦她迈出第一步，孩子便会开始模仿。孩子习惯于听见母亲在身后跟随他的脚步声，习惯于信赖母亲，而不是独自照顾自己。

当孩子上学时，便会脱离父母的监管。在此期间，他 / 她必须习惯于信赖他人，如果执意按照自己的想法去做的话，他 / 她将不会得到照顾。同时，如果遵照成人的旨意去做，他 / 她不必对自己的所作所为负责，这一根深蒂固的模式可能会导致极其可怕的结果。

更好的方法是，一到两次地陪着孩子，使其注意到可能面临的所有危险，并告知他 / 她克服危险的方法。在上述过街的情况下，母亲可以这样告诉孩子：“现在你就是妈妈，要带着小丽萨（或者一如既往地称为孩子）去上学。”所有的孩子都想扮演妈妈或爸爸的角色，他们很高兴能同您互换角色。现在，您便会知道究竟该做些什么，也可以观察孩子对待危险的留心程度。最重要的是，您可以获悉以下情况：孩子是否克服了危险或者是否还存在隐患因素。您仍可以对这些危险和隐患进行评估，予以清除。当您认为孩子有能力独自面对困难时，便可以让他 / 她独自动身出发了。倘若仍未达到效果，您可以再看看孩子还需要什么。孩子能很好地独自克服一些事情，并感知到您的信任，这对他 / 她来说同样有益。不应该让孩子产生压迫感，他 / 她会因此产生恐惧感，这样的话，我们要做的事就更多了。

我们可以通过自己的行为去影响一个极度羞怯的孩子，向他 / 她表明自己对他/她的**深度信任**。这种信任感会增长他/她的自信心。

当孩子不再有人陪伴左右时，行事便会极其谨慎，因为他 / 她知道从现在开始，只能依靠自己了。他 / 她会专心地行走在人生的道路上，争取不犯错误。他 / 她的行为会打上谨慎和专心的烙印，而这，会再次对孩子的成长产生影响。自我价值观念以及独立性因此得到了发展，他 / 她对自己的所作所为充满自信。

成年人不能将恐惧感传递给孩子，而是必须对其进行处理，转而向孩子传递更多的自我责任感。

一位同时教一、二年级的女老师向我叙述了一次由两个年级共同参加的滑雪旅行："第一次，我要求陪同的母亲们在滑雪时接管班级事务。第二次，我让二年级的学生照顾一年级的。我注意到孩子们如何快速地对自己、对整个团体承担起责任，他们都很热情。责任感不仅使他们变得坚强，还给予了他们自信心。由此产生了一种集体动力，而这一现象在成年人的领导下却从未发生过。"

恐惧与榜样

如果我不相信孩子，那么便会把自己的恐惧感传递给他 / 她。当孩子在椅子上攀爬时，我会发出警告："小心，你要掉下来了！"或者当孩子想要奔跑时，我便叫道："小心，不要跑太快，否则你会摔倒的！"孩子的心里会因此变得不踏实，并有可能发生以下事件：因为失掉平衡而从椅子上掉下来，或是小腿缠在椅子上摔下来。这样，我的确是将危机感和恐惧感传递给了孩子。

当然，恐惧感是制止不了的。尽管如此，我们依然必须尽量克制，允许孩子爬上椅子，站在可以接住孩子、保护他们的地方。通过实践，孩子将会发现自己的计划能否成功，自己的能力是否足以参与这次试验。如果答案是否定的，那么他们在一段时间内都不会关注椅子了。即便会时不时地从椅子上掉下来，结果也不会太糟糕——这就是后果，他们一定能从中学到些什么。

儿童学会第一步行走的情形令人难忘：他 / 她坚持不懈，摔倒后又站起来，再次摔倒后又再次站起来。整个过程是一段持续的斗争经历。儿童往往并不在意摔倒，他 / 她只对自己的成功感兴趣：依靠双腿站立和行走。

这同样适用于下一个学习结果。当实现目标时，比如爬上长椅或凳子，孩子此刻的愉悦感比所有经历过的挫折都重要得多。我们可以将其视为“**乐观思考**”的原型。孩子将乐观思考带到世界上，我们不应将它破坏。当他 / 她完成某件事时，我们要向其传递自己的喜悦；当事情失败了，便要及时弱化他 / 她的疼痛。但是，只有当孩子真正感到疼痛时，才可以这样做。通常孩子并不会小声嘀咕，而是直接站起来，接着便继续跑开。当他 / 她感受到我们的正面期望时，当我们对他 / 她的进步持友好态度时，当他 / 她的成就获得鼓励、赞许以及掌声时，孩子都会感谢万分。他 / 她也能很快地察觉到我们的恐惧，察觉到我们想要妨碍、阻拦或是遏制他 / 她的每一个计划。其内心深处会发出占领世界的命令，孩子对此言听计从，所以他 / 她便不再相信我们的看法，甚至对此置之不理。

因此，我们得仔细观察爬行期的婴儿，如果有可能，就让他们自由活动，这些做法都很重要。不到万不得已，我们都不能进行干预。这个年龄的孩子以我们为榜样，他们不会放过一切，坚持不懈地模仿着我们的言行。孩子的所有感官都在接收着我们的信号，我们的一言一行深深地铭刻于他们的心中。

当然，孩子只能在自己的智力范围内理解我们所说的话，是否对此言听计从，还要靠他们的理解能力来决定。因此我们所说之言对孩子并不重要，所做之事却意义非凡。

恐惧是如何传递给婴儿的呢？

我曾在健康咨询电台上听过一位顺势疗法[4]医生的说法。当时，一个四个月大的小病人正患有鹅口疮和胃真菌病。母亲已经带她做过无数次诊疗，但都无功而返，于是她来到了顺势疗法医生这里。医生观察着小病人，同她聊天，询问着她的症状。母亲则叙述着婴儿痛苦的患病过程，很明显对女儿遭受的真菌感染感到担心不已，她担心真菌会夺走孩子的营养。医生观察着胖乎乎的婴儿，根据医生的判断，孩子身上的两种疾病“相处融洽”，她的脸色很好，所以营养吸收得也很充足。需要治疗的不是孩子而是母亲，这样她就不会产生不必要的担心。母亲这才明白过来，正是她的恐惧和担心才导致孩子真菌感染。等到她控制了自己负面的情绪，孩子的疾病也随之消失不见了。

我在自己开设的婴儿按摩培训班里也经历过类似的情况。这些都表明，我们的恐惧阻碍了孩子的健康发育，并且完全有可能致其生病。

我们应当考虑周全，这样才能抛下所有的疑虑和异议，最终实现孩子所需要的自由发展。当然，保护孩子的需求是合法且必要

4　顺势疗法是替代医学的一种。顺势疗法的理论基础是“同样的制剂治疗同类疾病”，意思是为了治疗某种疾病，需要使用一种能够在健康人中产生相同症状的药剂。

的，没有人会在事故中丢下孩子。不过，过度保护会导致孩子成年后容易受伤或遭遇意外。这是因为孩子在小时候未曾遭受任何危险且没有接受过保护自己的训练，所以我们既没有为他们，也没有为自己在这一方面付出努力。因为我们将自己的需求建立在孩子的发展之上，所以我们的行为本质上是自私的。

爬行期的孩子必须认识到哪些危险

当孩子学会爬行时，应当了解到所有需要面对的危险。当被允许探索周围环境时，幼儿护栏——如果有的话——便会失去它的作用。我们必须提前告诉孩子：那是抽屉，我们在推动时可能会夹到小手；那是生火的炉子，特别烫手；那是电磁炉、熨斗和开水，触碰时可能会烫到手；那是楼梯、椅子、长凳、桌子和围墙，攀爬时可能会摔倒；那是剪子、针、餐叉、刀具和钉子，可能会弄伤身体；以及不要轻易去河边，很可能会掉进去溺死。

当孩子刚开始爬行时，活动范围很小，态度也十分谨慎，并不会离父母很远，且无论如何都会与他们保持眼神交流。当孩子遇到一个新的陌生物件时，首先会在母亲那里寻求保障，以此测试她的反应。如果母亲没说什么，那么孩子便知道，自己可以安静地进行探索。如果物件被撞倒，掉下来啪啪作响，那么孩子便会再次寻求母亲的帮助。

遇到不熟悉的物件，或是听到陌生的噪音，孩子都会等着母亲对他 / 她发出如下信号：是否该恐惧？是该重视还是忽略？母亲不出声，孩子也不会出声；母亲担心，孩子也会担心。**通过指明并解**

释潜在的危险，母亲向孩子发出危险的信号，孩子这时会明白，下一次接触时便会谨慎对待。

通过轻轻地刺戳手掌或胳膊，我们可以让孩子体会到餐叉、刀具和针这类锋利、尖锐物件的感觉。我已经无数次地观察到，孩子是如何粗暴地将这些东西从手中拽出来，从而导致了钻心之痛。那一双小手从某处得来某样东西，他 / 她将其紧紧地攥在手中，直到成人将它夺了过去或是年龄稍大的孩子冲他嚷“你不该拿在手上，把它递过来”，这项危险的动作才会结束。孩子紧握着双手，绝望地将物件抓在手中，他 / 她用尽最后一点力气，尝试着捍卫自己的占有物，最终却是比自己更强大的人取得了胜利。失落的心情使他 / 她哭闹起来。

我们曾费心地弄来一些珍贵的宝贝，比如一件不常见却值得去了解的乐器或一本新奇的书籍——直到某个小孩从角落处跑过来，将它从手中扯出去。这会触发我们的何种情绪呢？我们极有可能会愤怒、生气，产生厌恶、憎恨的情绪，甚至会晕厥过去。同理，孩子们亦会如此，他们理所应当地为此吵闹和哭泣。所以，我从未逼迫他们交出一些其实我自己不愿让他们拿在手上的东西：一副可能会折断的眼镜，材料上的一页纸，祖母流传下来的珍贵的糖罐。我请求他们交还手中的东西，然后补充了一个简单的理由。因此，当我将手伸出来时，他们看了看我的眼睛。在他们把这些东西递给我之前，可以看出，他们对于我的要求还是可以接受的。

试想有多少次，孩子正好好地握着一把叉或刀坐在桌边，我们不假思索地便将餐具从他 / 她的手中夺了出去。尽管如此，当他 / 她看见我们忙得不可开交时，便想着再尝试一次。于是，孩子静候着下一次机会，以便再次得到自己先前拿在手中的东西。不管我们用何种手段，做出何种警告，孩子都会尝试将餐具研究一番，因为这真正唤起了他 / 她的好奇心。

其实，我们完全可以用刀和叉（也可以是针或剪子）轻轻地刺戳孩子的小手，向他 / 她解释，我们害怕他 / 她会弄伤自己。在他 / 她亲身体会到触碰尖锐东西的感觉后，便会明白家长的良苦用心。他 / 她会明白，我们并不想扣留他 / 她的东西，而是为了避免他 / 她受到伤害。尽管下一次他 / 她还是会握住这些东西，但会对此保持警觉心。

如果我们能将这些东西直接交给孩子，那自然是最好不过了。当孩子弄到一个尖锐的东西并将其放进嘴中，父母们经常会对此感到惊恐不已。嘴巴是一个极其敏感的感觉器官，会很好地通过某个物体将信息传递到人的大脑中。因此，这个年龄的孩子会将所有东西塞进嘴里，或许您可以允许孩子小心地在嘴中探索一番，一个身心健康的孩子只需要明白其中潜藏的危险便可。请您仔细观察，便可以从孩子身上学会其中的处理之道。

在接触滚烫物体的时候，哪怕孩子仅仅感知到一丝热度，也足够收获一些教训了。他 / 她不一定要烫到足以明白烫物伤人致痛的道理。对于孩子来说，煮好的粥更易偏烫而非偏凉。如果喝暖粥就像面对着炉子，已经叫人不舒服的话，那么炉子上的烫粥就足以产生热度袭人的感觉了。

婴儿天生具备一种反应：当其涉水时，会自动进行“防水”。所以，当他 / 她到了可以“潜水”的年龄，就可以让他 / 她学习这个动作，然后带着他 / 她一起下水。最初，我们可以在浴缸中进行这项活动，之后便可以在泳池中完成了。这样，孩子便自然而然地学会同水打交道，不再怀有恐惧之心，但对其仍有敬畏之情。

当经过很高的物体时，我们可以向孩子解释，这足以让他 / 她摔下来。如果我们可以对孩子进行正确的引导，那么孩子即便翻越楼梯，也是没有问题的。我在这里要说一个自己的小儿子如何克服困难的故事：当史蒂芬开始学会爬行时，他一定要在两个姐姐的带领下才能来到楼梯旁。当他想要和姐姐们一样踏上第一层台阶时，姐妹俩在一旁咯咯直笑。我关注着整个事件的发生，虽然知道史蒂芬年龄还太小，但是不能剥夺其征服第一层台阶的自豪感。当姐妹俩察觉到我严肃的目光时，明智地溜回了自己的房间。史蒂芬现在还不知道自己应该做些什么。他既不能向前也不能退后，他的行动仍旧十分缓慢，没有办法控制自己。我把他抱起来再次放到地上。这一刻他的探索欲得到了满足，不过我心里明白，他下一次的“旅行”会很安全。

史蒂芬对楼梯仍旧热情满满，几天之后我看到他再次爬到了楼梯边。他爬上了第一层台阶，我并没有阻拦，因为我知道这样做毫无意义。我也没有站在一旁，因为他的摇晃程度尚在安全范围之内，他想要越过楼梯的欲望使他自己变得更加坚强。他应当明白要完全依靠自己的道理。当然，我仍在观察着他，将他的一举一动尽收眼底。他没费多少力气就爬上了第二层台阶，回头看了我一眼，并十分奇怪地表现出自我保护的欲望。我忍不住笑了起来，因为这让我想起了小猫爬树的情景。爬树容易下树难，哭泣的史蒂芬现在和树上的小猫并无二致。我立刻走了过去，将他抱起，轻柔地抚摸着他的脑袋，说：“你还太小，下次再进行更大的冒险吧。”我能想到，这一天总会到来的，那时，他一定又会尝试一些新的东西。后来，他又爬上了第二层，可是失去了勇气。不同于上一次，他不再开始哭泣，而是尝试着爬下去。他在台阶上转过身来，想要依靠着一双小手前进，但是危险已经发生：他头朝地滚了下来。这和他原先想得不太一样，来得也更快。史蒂芬的额头有些轻微擦伤。这一结果并不在他的意料之中，所以他便大声地叫嚷起来，因此获得了我的拥抱，并因为自己不幸的冒险而得到了我的安慰。现在他暂时熟悉了楼梯。直到下一次尝试的时候，他对楼梯表现得不屑一顾，漫不经心地从它周围爬过。

几个月以后，我想着，史蒂芬仍然会模仿姐姐们的行为——他似乎从悲伤的经历中吸取了教训。在此期间，他的行动也更有针对性、更轻松、更协调，于是我认为他现在可以完成上次的尝试了。我跟在他身后为他提供帮助，以便给他提供安全感，让他明白妈妈在紧急情况下会待在他的身边。他在两个姐姐的欢呼鼓舞下爬上了台阶。这一次他真的开心起来，表现出来的热情也是显而易见的。

接着，史蒂芬必须再次练习如何下台阶。他应当知道爬下来的方法。这一次，我主要想避免发生头部向前翻滚的情况，于是决定了他的俯卧姿势。爬行的孩子往往头部朝前，因此他必须换个方向，以便腹部朝下。可是，想要转身并不简单，因为这需要正确评估到第一层台阶的位置，史蒂芬需要在此转身。他依靠着双手双脚，首先趴了下来，以便依靠着腹部转身。如果不成功，他便会比预计的更快掉下来。我向史蒂芬演示着如何伸展两只小腿，向他解释必须通过一双小手紧抓台阶，然后再行动。史蒂芬似乎很乐意靠着腹部滑下楼梯，不知疲倦地进行着任务。

到了这一阶段，真正令我担心的事儿出现了，而孩子的爸爸就是担心的来源。我终于明白：史蒂芬会向自己的感官发出警告，他行事十分谨慎，很清楚自己在做什么。我觉得自己像一只鸟妈妈，监督着羽翼丰满的小鸟进行着它的第一次飞行。孩子的爸爸感觉到了这件事的棘手程度。他在办公室、回家的路上、梦里，反正无论在哪都会想到史蒂芬跌落的画面。当他每次在家看到史蒂芬向上或向下爬楼梯时，都会冲到他身边，将他抱起来而不是任其独自摸索。但我知道，对史蒂芬的成长而言，独自探索具有极其重要的意义，他应当被允许迈出这一步，以便独立起来。为了有益于孩子，我尝试着劝说丈夫，告诉他，儿子一天无数次地爬上爬下过。作为父亲，他必须尝试着控制自己的担忧。

不久之后，史蒂芬完全可以自己上下楼梯。一方面，楼梯一直开放着没装栏杆，只是用木板封了起来；另一方面，木板可以做他的滑梯，帮助他腹部朝下地滑下来。史蒂芬也可以独立地从楼梯上爬下来。虽然我也不敢担保会绝对安全，但是，就算是一个无数次踩过楼梯的成年人也可能从上边摔下来，难道不是吗？

放手是一个持续的过程，从孩子出生的第一天起，就一小步一小步地开始了。第一次放手出现在剪脐带的一瞬间。**不想学会对孩子放手的人，在孩子长大以后还是会对其施加控制**。这会导致一种现象：长大了的年轻人会一直让人打扫房间、清洗衣物、掌管财产或保险，自己却什么事也不想做。之所以会出现这种情况，基本上都是因为父母的保护欲过于强烈——他们不相信孩子能独立起来，仍然干涉着他 / 她的行动。

说明指导

曾有位母亲给我打电话，说她的女儿总是想头朝下爬楼梯，她想知道解决方法。这位母亲认为，自己已经无数次地提醒过，但仍然徒劳无功。我问她：“你有给她示范过吗？”她随即惊愕地问道：“你是说，我应该……”我答道：“是的，我就是这个意思！如果孩子看到你一直向前上楼梯，她该如何明白，自己可以转个方向，腹部朝下地爬下楼梯呢？虽然很多爬行期的孩子都能自觉这样做，但并不是个个都能做到，尝试一下其实很简单。”数天之后，这位母亲开心地打电话告诉我：“她成功了！”

5.4 进　　食

独立进食是儿童成长过程中重要的一步。家长往往在孩子六个月大，最迟七个月大的时候开始使用辅食，并喂其食用米粥。不久后就应当把勺子交予孩子，让他 / 她自己吃东西。**各式各样的学习步骤会出现在这一敏感阶段。**

当然，刚开始，这意味着会出现乱七八糟的局面：孩子会将勺子丢在一边，随即用手去抓取食物。但这是孩子成长过程中必经的一步，所以无须进行阻拦。孩子必须开发自己的触觉，体验日后使用勺子舀起食物的感觉。他 / 她先是用手理解食物，感受它，体会它，然后将食物塞进嘴中，这时，又会出现新的体会、感觉和理解。

这一过程充满了乐趣。为了避免进食时出现的麻烦，我们应当给予他 / 她一些东西，比如预先在他 / 她的椅子上垫一层塑料薄膜或是给他/她系上一条小围嘴儿——接下来就是尽情享受的时间了！这些做法同反权威的教育毫无瓜葛，而是适应了一种**自然、充满理解且适合孩子的教育**。通过此种方式，孩子将会相对较快地度过这一脏乱阶段，不久后便能独立有序地用勺子进食。家长是孩子的榜样，他们愿意模仿我们。

如果想要避免争吵和抱怨，那么我们应当明白，饭桌上的强迫会造成不利的效果。当孩子拒绝进食时，我们应当尊重其选择。当孩子讨厌某样菜时，强迫他 / 她试着尝上“一点点”的做法无异于方枘圆凿。当孩子坚定自己的喜好时，即便逼迫他 / 她进行尝试，他 / 她也不会妥协。

食用固体食物的阶段也相当敏感。精神学家玛丽·迈耶霍夫医生写道："在臼齿长出之前，孩子的食物中就应当包括固体部分，以此来刺激孩子进行咀嚼。孩子应当提前得到咀嚼的机会，如果两岁时还在进食流质食物，那么其日后的咀嚼学习便会格外耗费精力。如果孩子长时间（超过一年）几乎只用奶瓶进食，那么后果亦是如此。这些孩子日后只愿意吃流质食物，在菜中吃到固体食物时会直接吞咽下去，甚至呕吐出来。"

我曾照顾过熟人一位五个月大的儿子，他几乎从未用小手抓取过食物，总是张大着嘴巴等着别人将菜送入口中。但是当喂食固体食物时，嚼了几口之后，他开始拒绝进食；当吃到流食时，他才会再次满足地吃下去。

家长图方便，过长时间地给孩子喂流质食物，相信此类食物同样包含了必要的营养成分，这无疑是一种谬论。这样会使孩子错过人生中一个重要的发展阶段。

孩子用嘴积累了自己人生的第一批经验。嘴巴因为唇舌而拥有了很多感官，完美地体验到周围的环境。婴儿凭借嘴巴体会到某些东西的钝或尖，软或硬，暖或凉，具备了区分不同物质的能力。用嘴巴体会周围环境、玩具以及所有经手触碰过的东西，这种感觉对于孩子来说十分重要。当我们妨碍了孩子用嘴体会某些东西，便会造成孩子某些方面的无知感。日后他们会通过以下行为进行整治"报复"：将所有可能的东西塞进嘴巴。这是因为父母当初并未允许他们尽情地享受过这一阶段。

倘若父母允许孩子自由地用嘴探索，那么上述这一阶段——**口**

欲期，便会结束。这时，便无须担心孩子会抓住一切可能的东西塞进嘴中，并可能因此而窒息。

很多家长担心孩子可能患病，以至于要求所有塞入口中的东西必须干净，甚至无菌，这种恐惧也是毫无依据的。恰恰相反，孩子必须建立抵抗力，而抵抗力只能通过接触细菌和病毒培养出来。**孩子适当地接触污垢对于其健康同样重要。**

孩子在吃饭时，凭借着嘴巴和双手积累了很多经验，通过饭菜以及食物的黏稠度，了解到各式各样的口味与气味。当孩子积累了所有的经验时，如果我不愿忍受这一时间段的脏乱并照顾他 / 她，那么我一方面扣留了他 / 她重要的经验，另一方面会错过孩子快速学会独立进食的敏感阶段。接下来，还需要再照顾他 / 她两年。这一时期经常会出现权力斗争，因为父母认为孩子应当具备独立进食的能力。实际上，我们已经很期待孩子模仿自己的饮食文化，学会用餐具吃饭，孩子也愿意在日后重复这种默认的行为，不过，某些时候孩子还是会用手吃饭。这样的事时有发生，不仅让父母大跌眼镜，也会让亲戚朋友目瞪口呆。

因此父母的理解十分重要。他们应当明白孩子处在一个退化的阶段，应当允许有所退步，重复其先前被自己阻拦的行为，否则孩子便会陷入内心的矛盾之中：一方面，这是孩子内心的需求，迫使他 / 她屡次重复；另一方面，父母却不愿意容忍这一行为。这些出现的看起来很严重的问题，其实都是成人不正确的养育方法所导致的，是他们造成孩子从简单地拒绝吃饭到演化为心理病态。

当孩子的做法达不到我们的期待时，往往都是存在某种原因的。因此用爱和理解作出反应是非常有意义的，这样孩子便拥有了弥补错误的机会。

但是要注意的是，当您确定孩子开始用食物做游戏，将它扔在地上或者胡乱抹在桌上时，就应当立刻作出反应。这时，您得亲切地将盘子放好，无须作出任何攻击行为，用以下的语言同其说话：“哦，我知道了，你不饿了是吧。但是我们可不能用食物做游戏啊！”孩子便会在大脑中记住：“啊，原来如此，当我开始浪费食物时，父母会以为我已经饱了，装菜的盘子就被拿走了。”这样，如果孩子仍有饿意，他 / 她只会在真正饱了的时候才玩耍。父母千万不要为孩子的尖叫所诱惑，继而将盘子再次放回去。盘子得放在它该放的地方。您的孩子直到下次吃饭也不会饿，但是得更快地学会守规矩。您得放弃以下的想法：哦，可怜的孩子！我常常听到前面这句话，在我看来，应当尽快地将它丢进思维的垃圾堆中。正确方式下教育出来的孩子可不是可怜的孩子——恰恰相反，他 / 她和父母相处得很好，孩子很幸福，父母亦是如此。父母用理解的界限给予孩子支持感和安全感，而这正是孩子在寻找的和所需要的。

5.5 爬行和走路

孩子从俯卧姿势中学会了爬行。如今，却有这样一些孩子，他们不喜欢依靠腹部爬行。出于这种原因，他们会尝试其他姿势：干脆依靠背部站立或者蹲着，用垫子支撑着自己。他们不去爬行，主要依靠臀部在屋子里滑来滑去。

这种情况在我的培训班中得到了证实，很多母亲（超过半数以上）断言她们的孩子不喜欢趴在地上。她们将孩子从这种“不舒服的姿势”中解放出来，将他们翻过来或是让他们“蹲着”。婴儿用品专卖店因此提供了大量的所谓的学步车(“助行器”“宝宝车”等)，据说可以帮助孩子行走。这种车常常为家长盲目地使用，干扰了孩子的自然发育。

柏林舍内贝格卫生局青少年主治医生，世界著名儿童发育专家弗里茨·拉尤斯博士说过：“很多家长以此为理由，为婴儿购买昂贵的用具器材，设法让孩子轻松点。生产商却违背了这一需求，他们提供了整套装备，置身于其中的孩子，行动受到了限制，站姿和坐姿全被固定了下来。孩子大多数时候是在被动地行动，身体因此无法积极地发育。此外，家长往往不掺杂任何感情，只是单纯地将其交给孩子使用，并没有付诸感情地进行亲身引导。孩子会感觉自己置身于牢狱之中，尽管这些器材颜色丰富、乐趣多多，却妨碍了孩子的自由发展。”海尔布隆的儿科医生汉斯尤格·科勒梅尔博士甚至要求禁止使用学步器材：“父母应当明白，学步器材绝不会帮助孩子跑得更快，反而会阻碍孩子的发展。凭借这些器材练熟走路的模式是不正常的，会对孩子运动机能的发展产生不利影响。”

我们应当无视孩子此时的不舒服，如果有可能，让他 / 她趴在地上（这个年龄的孩子已经能忍受一定的失落感，我们也应当对其保持过高的期望），光着身子或仅给他 / 她穿上一片尿布，同他 / 她玩耍，抚摸他 / 她，这样也可以为他 / 她带来乐趣。我在培训班里开始进行一种尝试，指导母亲们如何每天照顾孩子半小时。倘若条件允许，每天三次，每次十分钟：让孩子趴在地上，无视他 / 她的反抗，要求他 / 她以这种姿势和你一起玩耍。我要求母亲们进行记录，以保留孩子的行为表现。

有趣的是，孩子趴在地上的时间会日益增长，他们毫不抗拒，饶有兴趣地保持着这种姿势玩耍，渐渐地，他们发现这样也可以移动。孩子首先会向后移动，这是因为双手支撑了他们的全部重量，爬行时很容易偏离方向，导致他们向后撞上东西。孩子会因此感到失望，他们原想着向前行进，爬到母亲或玩具（目光所及之处）那里。不过，凭借着双手，通过强有力的支撑，孩子的肌肉组织得到了加强。渐渐地，他们可以依靠四肢行动了。哇——这是何等的成功啊！我们会惊喜地发现，**婴儿解锁了四肢爬行的技能！**孩子甚至会想，世界现在是属于他们的了！这次经历对他们的成长来说，意义非凡。突然之间，孩子以一种迥然不同的视角看待世界，此外还会摇来晃去，这是一种被解放了的感觉。不久后，孩子便会爬行，从那时起世界才真正属于他们。没有比征服一切更棒的事儿了！所有的这一切都是建立在原先挫折的基础上，挫折并不总是负面的，我们甚至需要用它来发展自己，不过，这方面得视程度而定。所有提到过的尝试对于孩子来说都具有促进作用，向他们展示了生活的方方面面。最终，凭借独立迈出第一步，他们的努力会获得回报，由此证明辛苦是值得的。然而，现在的孩子通常蹲坐在学步车内，在屋子里“走来走去”。当它被我们普遍使用，甚至到了以此度日的地步时，很多更为重要的经验都会被剥夺。自然界的万物皆有用处，所以迈出第一步意义非凡。孩子天生具有强大的力量，他们独自迈出第一步的那一瞬间是非常伟大的。倘若他们是在器材的帮助下迈出这一步的话，那么便是剥夺了他们生命中一个重要的经历。对于某些事的掌握，是需要一些过程的。

很多哺乳动物在出生的第一个小时里就能用四肢行走，同它们相比，我们人类却需要经过很长一段时间才能掌握这项技能。为什么会这样呢？其实原因在于智力发展的不同。只有人类才具有所谓的意识思维，所以行动绝非易事。为了作出决定，进行明智判断以及得出结论，大脑需要在新皮质（位于脑半球顶层）中进行多次神经连接。想要迈出第一步，必须在新皮质中设立基础轮廓。在人类具备某种意识之前，独立行走很明显违背了自然规律。

学习独立行走的最佳时间是在出生后的十到十六个月。这一时期也是学会咀嚼、独立吃饭的绝佳时期。凭借第一步，孩子会逐渐摆脱先前依赖的东西，甚至很多孩子会借此断奶。这并不是指父母拒绝给孩子喂奶，而是孩子不会再寻找奶喝。孩子是否想继续喝奶，或者母亲是否还未准备好放手，都需要双方慢慢地去体会。当孩子对喝奶不再有兴趣时，父母应当认真对待并尊重这一迹象。不过，因为孩子的需求不尽相同，所以这里所说的第一步并不一定意味着哺乳的结束。仔细观察并感知孩子的需求，是为人父母最基本的任务，如果有可能的话，教育必须遵循孩子的需求。

6

孩子的仿效意愿

- 大开眼界
- 快乐却危险的游戏

我从珍 · 莱德罗芙的成功之作《寻找失落的爱与幸福》中得到了大量与孩子相处的建议。这位美国的时政评论员兼心理学家，在委内瑞拉的热带雨林中遇到了耶夸纳部落的印第安人，他们和谐、愉快的集体生活令其着迷。那里的孩子们看上去十分安静，似乎也未出现任何教育问题——莱德罗芙观察到了这一伊甸园般的生活状态，并在她的著作中提到了这段生活。

我在阅读此书之前，就已经持有以下观点：

1. 我们的育儿体系必须得到改善；
2. 必须存在共同的生活模式；
3. 很多社会结构、问题均归因于我们的教育方式。

弗朗茨 · 恩格利的《恐惧感与安全感》一书也包含了对于这一主题的详细研究。我认识到，如果我们想要和我们的孩子和谐相处，就必须从根本上改变现有的教育方式，而不是轻易地接受威胁和妒忌。和谐相处是存在的，甚至会一直存在下去，它会改变我们对教育的看法。珍 · 莱德罗芙在委内瑞拉的热带雨林中观察到，这种生活方式在那儿沿袭至今。我像海绵一样汲取着这本书的思想，逐字逐句，废寝忘食，最终激动地发现：**当孩子认识到我们的文化时，为他们提供一些更有人情味的、更温暖的以及更自然的东西是必要并且可以实现的。**

我在本书的结尾表达了一种原则，该原则一直指导着我的教育工作，使我受益颇多，而我也会对此永远保持信任。它不仅向我指出了当今社会的错误，还促使我做出了很多其他的事情。这一原则意味着孩子应当仿效父母的行为，而不是反其道而行。

在动物王国中，没有任何父母会看孩子的脸色办事。既然动物的处理方式令人信服，那么为什么我们人类还要去另外寻找别的方式呢？在我的认知范围内，动物世界不存在这样的物种——母亲或父亲跟在幼崽的身后。当幼崽呼唤父母或是其面临生命危险时，父母最多将其从险境中解救出来。此外，幼崽会根据父母的行为来进行活动，而非颠倒过来。

在我看来，教育中的诸多问题造成了以下的后果：做父母的没有足够的自我意识，他们不得不一再进行检验，观察孩子是否会真正地按其意愿行事。智慧的父母会放心地走在孩子前面——后代完全会根据父母的行为活动，并进行模仿。而现在许多人认为，对孩子进行持续的控制很有必要。但是，如果孩子发觉家长不信任，或是没有完全信任自己，便会作出相反的行为，这时，父母又会对孩子的“叛逆行为”予以矫正。

6.1 大开眼界

我在加尔达湖边给十三个月大的西蒙娜上了一课。冬天已逝，但寒冷依旧，气温、水温如此之低，没有人想过沐浴这件事。湖面上只能瞧见风帆冲浪者的身影，那些心大的、喜欢日光浴的勇士们已经穿上泳衣躺在湖滩边了。

我把西蒙娜放在鹅卵石滩上，希望她能小小地玩上一会儿。当时我还没考虑到孩子充沛的精力，当我再次瞧见她时，西蒙娜正向湖边的方向爬去。那儿距离鹅卵石滩只有五米远。她一到湖边，我就跟在她身后，把她抱回来放在鹅卵石滩上。天气很凉，加上我没带替换衣物，所以我可不希望她弄湿自己。不过，我突然又想起自己的计划：孩子应该效仿我的行为，而不是颠倒过来，于是我再次跑开来。

这时，我不禁自问：她原先待在哪里？我为什么向她屈服，折磨自己？跟着孩子跑的我做错了什么？我开始陷入短暂的思考，直到想起“自我责任感”这个词。于是，我走到一边，更确切地说是跑到一边，开起了西蒙娜的玩笑。我将她再次放在鹅卵石滩上，脱掉她全身的衣服，并严肃地说：“现在你走吧，我可不会再抱你回来了！”

对于这一效果，我自己可能是最惊讶的。西蒙娜起先并不知道自己是否应当行动，而是迷惑地看着我。期间，我鼓励过她一次。慢慢地，她行动起来，原先只需三十秒就能到达水边，现在却整整用了五分钟。她一再停下脚步，回头看我是否还待在湖滩边，然后踟蹰地往前进。如果我站起身来想要离开，她便会立刻跟过来。我坐在那儿，继续敦促着她去湖边，最终这个方式终结了她的冒险行为。她到达湖边后，便将一只小手伸进水中，接着又伸进去一只，并一再打量起四周——她瞧见妈妈（我）一直十分平静地坐在那儿，满脸微笑。她玩够了之后，便回到了我的身边。我又给她穿上了衣服。这种方法再次奏效了！

已经不是第一次奏效了。整个暑假，西蒙娜都没有兴趣独自去湖边玩耍了。我可以毫不担心地把女儿放在湖滩边，她玩玩具，摆弄小石子，跟我以及周围的人做游戏。去湖边的渴望消失不见了。所以发生了什么？西蒙娜发现自己不具备在水边玩耍的能力。她独自一人掌控不了情况，最终积累起来的经验足够让她知道：她需要我的帮助。如果母亲并未参与这场游戏，那么效果会更好。我清楚地向她表明了自己的立场：她不能指望我的帮助。我不会责骂、威胁、生气，只会镇定地坐在那儿，让她明白得靠自己完成任务。她因此学到她的教训——我也学到自己的。这样，我帮助女儿建立了更多的自我责任感。

6.2　快乐却危险的游戏

促进孩子的自我责任感，重视其生存机制很重要，对于这一点，我总是很清楚的。孩子喜欢母亲跟在他 / 她身后玩追捕游戏，没有什么比这更美好的事了。当他 / 她跑向水边时（也可能是其他充满潜在危险的地方），会察觉到母亲跟在自己身后，将自己抱回来。其实母亲这时候并不是在同他 / 她做游戏，而是为了规避危险，孩子对此却毫不知情。因此，当母亲下一刻将他 / 她放下时，孩子还是会再次跑起来——毕竟这一过程还是充满乐趣的。

在这种情况下，母亲必须向孩子明确地表达自己的想法，她并不想参与这场游戏。如果只是责骂并且禁止孩子跑去水边，那么孩子会将她的话当成耳边风，重新开始游戏。尽管母亲在此期间仍旧怒气冲冲，但孩子明白这一样会奏效。如果母亲并未参与这场游戏，孩子便可能落入水中。毕竟这不是他 / 她的错，他 / 她对危险一无所知，还不知道要为自己的行为承担责任。

一个懂得对自己负责任的孩子会向母亲看齐——而不是反其道而行。除非母亲明确这是一场游戏，否则孩子是不会做游戏的。这样母亲便拥有了更多的安全感，孩子也越来越学会对自己负责，发生的事故也就越来越少。

> 珍·莱德罗芙曾这样写道：“耶夸纳部落的孩子不会梦见自己在林中迷路同母亲分离的画面，因为母亲并不会回头确认孩子是否会跟上来，她不会让孩子心存侥幸，认为互相黏在一起是自己的任务。母亲只会放慢自己的步伐，这样孩子便能跟上来。因为孩子知道，如果自己因为这样或那样的原因未能赶上，便可以大声喊叫来寻求帮助。”

譬如，如果我们想同孩子一起出门，那么根据我的经验，很多家庭都会进行如下的“仪式”：孩子深深地沉浸在玩耍之中，而我们又恰好必须完成某些十万火急的事。我们必须用尽一切方法，才能征得他们的同意，为其穿衣穿鞋戴帽子。甚至，我们常常还得在一些年龄稍大点的孩子身上费一番工夫，他们明明是可以自己穿衣服的。直到我们最终推门出去，这项“仪式”才算完成。

所以，**只存在一项原则：行动！**一旦我们要求孩子理性思考，开始进行威胁，只会让自己变得激动起来，一旁的孩子却相当冷静。但是，如果我们这样说（说的话要同孩子的年龄相契合，这些孩子知道父母必须出发了）：“我走了，谁想一起来的话，动作就得快点了，拜拜！”然后穿上鞋子，套上大衣就出门。这样，方才还忙得不可开交的孩子便会突然变成一个想要快速穿戴完毕的勤劳“蜜蜂”。

在这一过程中，孩子明白了一件事儿，如果他 / 她想同您待在一起，就必须尊重您和您的行为，跟着您是他 / 她自己的事儿。孩子想待在您的身边，对此您完全可以放心。在这一层面上，关注孩子比尝试使用权力和威胁要理智得多。您拥有天生的直觉，无须理智地作出考虑。我常常见到这样的父母，他们不给孩子任何思考的时间，只是粗暴地抓住孩子，带着正在尖叫挣扎的孩子走出家门。

因为孩子需要时间从游戏和幻想的世界中走出来，所以还是要及时地为此作出准备。这样，当时机恰当时，他们会更容易遵循父母的建议。当孩子不愿意遵循时，通常是在检验自己的优势和力量。以上情况主要出现在两到三岁——所谓的反抗阶段。在这一阶段，如果孩子意识到母亲会对自己负责，便会将这一状态保持下去。

孩子会紧紧地跟在您的身后，直到熟悉了周围环境，获得了一定的安全感，才会独自行动。如果我们对这种天生的仿效意愿持容许态度，那么错误的模式便不会产生。倘若我们一直忧心忡忡，每走一步路就回一次头，并且一直催促孩子，那么会让他 / 她以为我们不希望他 / 她跟在身后。这样孩子便会产生如下的念头：我不必一直跟在爸爸妈妈的身后，还是试一下自己的能力吧！很快他 / 她便会发现自己能控制母亲（或其他照料人），将她的关注完全放在自己身上。即使这种关注是以责骂、威胁或逼迫的形式出现，孩子还是会在下一次有机会出现时，再次召唤它。

孩子会控制家长和家长的行为，由此引出了一条更为重要的原则：**当家长感觉到孩子正在用他 / 她的方式左右着自己的时候，必须重新考虑自己的所作所为。**

7

正确理解孩子

- 婴儿理解了什么
- 肢体语言
- 婴儿为什么会哭
- 感知并接受疼痛与感情
- 婴儿按摩

您看到自己的宝贝躺在床上，他 / 她刚刚出生，感官是清醒的，接收着周围发生的一切。因此，婴儿是置身于我们中间的，而非简单地待在房间的另一边，那样的话，他 / 她的感官便得不到训练，参与不进我们的日常生活中。婴儿的听觉发展得很好，首先通过两只耳朵感知周围环境。虽然眼睛看得不是很清楚，头部移动起来也很麻烦，但听觉能弥补一切。

一段时间后，一旦婴儿可以更好地活动，他们便对所有的声响作出反应，扭过头去查看情况。我们迟钝的听觉早已让一些东西渐渐消失，而这正吸引了婴儿的注意，他们扭头寻找声源，对此有所察觉，并对环境开始熟悉起来。婴儿是一个**听觉生物**。

和大多数成年人想的一样，**婴儿并不是凭借视觉作出反应，而是依靠听觉行事。**弄清楚这一点很重要。因为成年人更偏向于用眼睛判断事物，所以他们常常会误解婴儿的表现。婴儿更愿意用听觉而非视觉判断自己感兴趣的物件。因此，他们更集中于听觉，甚至会避开眼神上的交流。他们早在母亲的肚子里就学会使用耳朵而非眼睛，因此他们仍会将自己的旧习惯延续一段时间。

从出生开始，婴儿就会使用眼睛，以便在哺乳时看着母亲的脸庞。在这一刻牢牢记住母亲的面孔，对于婴儿来说尤为重要。哺乳时的距离，便是最佳的距离，过近过远都会看不清楚。

盲人的世界是由听觉编织起来的，同样，婴儿的听觉也会得到更好的发展。婴儿能感知到每 个声音和每 次声响，可以说，他们是更偏向于听觉而非视觉的生物。当眼睛慢慢发育起来时，婴儿才渐渐成为视觉生物。观察人脸是婴儿最重要的视觉经历，因此，他们打量身边的每一张面孔，尤其喜欢看人做鬼脸。他们很容易着迷于人的面孔，确切地说，是用舌头或嘴巴做游戏、扮鬼脸。他们很快尝试将对方的表情表现出来，也就是模仿出来。很多家长会发现宝宝参与其中的乐趣，宝宝受到鼓励后，母子间会有数小时的快乐互动。一切都是反射神经在起作用，它是我们发展社会行为、进行沟通交流的关键。婴儿会着迷于人的嘴巴，他们会观察嘴唇的活动方式，探究着声音的发出。很多婴儿也会活动自己的嘴唇，很明显是在尝试说话，却没有发出声音。因此，他们会发出尖叫，大声吧唧嘴，或是牙牙学语，这些都是学说话的前兆。

约阿希姆 · 鲍尔在其《为什么：你的感受我明白？》一书中向我们展示了一个有趣的观点："在进化论中，反射现象可能与'适者生存'的原理相同。适应、反射以及共鸣贯穿了整个生物学。难道说'适者'和'生存'只是反射和交流的伴随现象吗？"羊群中的头羊可以抵抗自己的竞争对手，作为哺乳动物，如果它小时候没有机会通过学习和练习，培养出自己的战斗天赋，那么即便遗传了所有的基因，也不会成为领头羊。还未长大的动物以及出生后不久便与世隔绝的人类，即便营养丰富，也会出现严重的身心损伤。由于缺乏后天的培养，他们养成一种错乱且无用的行为，遗传到的好基因帮不上任何忙。

弗里德里希二世是著名的儿童语言发展实验的发起人，这项实验十分残忍。他想知道，如果人们未在孩子面前说话，孩子会说出哪种语言。他命令奶妈和女仆照顾她们的小主人们，给他们洗澡，喂他们喝奶，但是不能同其交谈。希望由此查明，孩子是否会说一种古语，譬如希伯来语、希腊语或拉丁语，或者是否会说自己父母的语言。但是，他未能查明情况，因为这些可怜的小东西最终全部夭折了，他们缺乏关注——**抚摸、温暖与交谈**。

亲戚朋友常常会兴高采烈地对您的宝宝发出惊呼声，他们欣赏您的孩子并时常会充满热情地说道：“他 / 她似乎无所不知！”一直以来，这样的惊呼声表现出他们对孩子的无知。孩子自然能理解我们，可是，令人费解的是，我们经常以为年龄尚小的孩子无法理解我们，因为他们还不会说话。由此我们做出一个假设，不会说话的动物无法进行相互间的理解。但事实正相反，动物宝宝对母亲的情况了如指掌。那么，我们人类又是如何呢？

我个人的设想是，我们可以用“心灵感应”的方式学习语言。对我而言，人类远不止是一种物质，而是出生前就已形成的精神和灵魂。根据我的设想，孩子来自另一个世界，另一个领域，他们从那儿带来自己灵魂的一部分。居住在这个小小身体中的精神对我们十分了解。随着大脑的发育，身体的性能开始发挥作用，逐渐习得语言。然后，从自己起源的那个地方，逐渐形成身体、灵魂和精神的统一。绝对自然的东西在形成之前不会拥有任何记忆，因为大脑只是肉体的一部分。

情愿或不情愿，小小的身体都会屈服于物质法则——“心灵感应”式的理解退居幕后。一旦孩子学会用一种语言表达自己，便会优先使用它。但是对印第安部族来说，刚出生六个月大的孩子仍会兼顾着上述两个领域，这是一种必然的结果。我甚至能发现，常常我只是随便一想，孩子们便会在一件事上给我答案。有时我们只需要看着对方，便能对发生的事了然于心——甚至没有交流过一句话。

我在怀大女儿西蒙娜的时候就已经有了上述的那种感觉，我同她心灵感应，相互理解。夜晚，当我疲倦地躺在床上时，西蒙娜总是很活跃，她顶撞着我的肋骨，伸展着自己的一对小脚，仿佛迫不及待地想来到这个世上。我的肚子时常这样“热闹非凡”，这个小东西在肚子里上下移动或像波浪一般左右摆动。当我把书放在一边准备关灯睡觉时，便用双手抚摸着自己的肚子，下意识地告诉西蒙娜：到了该睡觉的时候，妈妈想同你度过一个安静舒适的夜晚。从那刻起，西蒙娜变得很安静，直到出生都没有再打扰我睡觉。大多时候我像一只土拨鼠一样睡得很沉，早晨醒来，从驱散睡意到叫醒西蒙娜，中间大约用了两分钟的时间。怀孕几个月以来，当我“通知”她自己现在想要睡觉时，西蒙娜总会在这一刻保持安静，这对于我来说并非偶然。

认为孩子随着出生会丢掉接收此类信息的能力，这一观点是毫无道理的。相反，即便大脑已经发育到物质思维可以将这种能力推至幕后的程度，我们仍可以认为婴儿保留了这项能力。我们所有人都遇到过这种现象：在相同的时间不同的人开始谈论相同的事儿，想要问候的人恰好给我们打电话，诸如此类的事常会发生。相应地，孩子在出生前就已经了解我们，现在他们必须具备一种能力：学会使用我们所说的语言。孩子盯着我们的嘴巴，想要发现大人在说话时嘴唇和舌头是如何活动的，这样他们慢慢地学会了说话。很多婴儿通过用嘴唇模仿词汇的方法，只用几个月便学会说话了。

从童年起，我便拥有这方面的记忆，这很可能是我最早的记忆了。我和我的孪生兄弟有一个固执的习惯，我俩总是喜欢将书架里的书一股脑儿地全倒出来。尽管父母对此毫不在意，但我们还是知道这本是不该做的事儿。当时，父母既没有责骂我们，也没有怒气冲冲予以阻止。我俩还正处在只会爬行的年龄，确切地说只会到处乱爬。印象最深的是，在看到母亲提着一个装满衣物的篮子消失在阳台后，我认为时机已经成熟，便要求自己的兄弟爬到书架那边去，开始“捣乱计划”。显然，我和他不用语言便可以很好地进行沟通。现在我总算明白我俩不用说话也能进行交流的原因了。

7.1　婴儿理解了什么

从一开始我们就应该意识到：新生儿了解我们，我们可以用正常的口吻和他们说话。因此，大人完全没有必要学习婴儿的语言。当人们同孩子玩耍，想要激起他们的模仿欲时，发出的“咕咕”以及“喃喃”声都很合适。根据最新研究发现，这种声仿游戏对语言的发展也会产生积极的影响。除了这些游戏，您最好还是用自己的日常语言同孩子交流。

如果某一刻要将孩子转交于他人照顾，那么您得告知孩子，您现在要走了，这个人会照顾她 / 他，并且您不久后会再来接他 / 她的。任何情况下，我们都不应该让孩子一个人在房间里玩耍。很多母亲会犯这样一个错误：自己悄无声息地离开，还认为孩子不会注意到这一点。其实孩子是知道的，即便这次没有反应，下一次也会寻找母亲，确保她是在场的。如果母子间的信任因为欺骗而破裂，那么孩子是绝不会再让母亲离开自己的视线了。

最好让孩子直接面对妈妈必须离开一段时间的事实，如有必要，最好能忍受孩子的反应，他 / 她可能通过哭喊和发怒来抵抗，但绝不能欺骗孩子。他 / 她会因此明白，当自己遇到必须接受的困难时，可以信任母亲。随着时间的推移，孩子学会处理自己的感情，更重要的是，他 / 她并未对照料人失去信任。这种信任应当是无条件的，绝不允许被滥用。

我和丈夫在女儿九个月大时带她住到了我父母的家里，每天早晨六点我们就必须出门。由于疏忽，我们并没有向女儿指明自己在她醒来时会不在家。因为她和外祖父母混得很熟，所以我们完全没有考虑到这一点。我们知道自己中午会回来。当西蒙娜醒过来，察觉到我们不在身边——我们住在同一个房间，便觉得自己受到了欺骗。接下来的几天，我们通过她的行为察觉到，她不得不重建自己的信任，一遍又一遍地确认我们是否在场，这样的事在以前从未发生过。

如果我们要出门，那么一定要提前通知孩子，即便他/她还在睡觉，醒来时也有保姆照顾。如果孩子在晚上醒来，突然受到的是另一个人的安抚，那么他/她便会失去对父母的信任。这样可能会导致以下的情况：孩子夜夜醒来是为了确认父母的存在。不过，如果他/她事先知道醒来时会有另一个人照顾自己，知道自己可以信任父母，那么这样的认识会使他/她得到安慰，日后也会觉得父母值得信赖。

即便是一个婴儿，也会对您表示理解。这就是为什么您要以成人说话的口吻和孩子交谈，**向他/她解释您要做某些事的重要性**。

在我儿子史蒂芬两岁的时候，有一次，他的姐姐米歇尔打开窗户，抱着弟弟站在窗边，想要让他看到窗外的风景。我及时赶到，向米歇尔解释弟弟可能会从窗口掉下去，落在石头上摔死。说完，我又向史蒂芬解释了自己不想让他站在敞开的窗户边看风景的原因。他很快就同意关上窗户，并说："不，史蒂芬没有死！"因为史蒂芬从未经历过死亡，也没有碰到过死掉的动物，所以我问自己，在我说这句话之前他是否能对此很好地理解。于是，我仔细地观察他的表情，上面写满了理解，他的答案也清晰明了，完全明白"死亡"这一概念。在他身上，完全不存在对"死亡"这一概念的疑惑和不确定。

根据我的设想，婴儿也可以进行"心灵感应"式的交流。您可能仍不明白，为什么我们无法读懂他们的信息。随着时间的推移，如果婴儿未接收到对自己发出信息的任何反馈，便会放弃这种毫无希望的冒险。

在我生米歇尔和史蒂芬的医院里，产妇们可以在住院期间离开医院，当然，婴儿还是得留在医院里的，这样才能避免接触病菌。我很开心可以呼吸到一些新鲜空气，如果条件允许的话，我还会散步很长一段时间。尽管如此，我仍感到十分抱歉，没能将宝宝带在身边。当我每一次把孩子送回护理室时，都会感觉他对我要离开一会儿的事实完全清楚。宝宝每一次都用乞求的眼神看着我，告诉我应该带他 / 她一起出门。

7.2 肢体语言

出生后，新生儿的触觉首先得到发展，接着是听觉和嗅觉，最后才是视觉。这一事实经常受到低估和误解，新生儿的反应也时常遭到错误的解读。

拇指和吮吸拇指

婴儿之手传达出的信息意味深长。有些婴儿刚一出生，性格特征就十分明显——他们对世界充满了兴趣，期盼着应当到来的事物。通过两双小手，婴儿向我们展示了自己对于我们的兴趣。他们就像一本允许我们阅读的开放书籍。大多数婴儿握着小拳头，将拇指缩在手中。他们对于我们的世界还未完全放心。只有在完全舒适的情况下，他们才会松开自己的小拳头，比如在喝奶的时候。

拇指象征着力量、自信和自我意识。年龄尚小的孩子还不足以承受这种压力，仍旧封闭着自己，处在同外界隔绝的状态。随着时间的推移，当婴儿渐渐长大，信任感逐渐增加，他们的小手也会慢慢松开。不过，当他们恹恹欲睡或是躲进自己的小世界时，便总是握着拳头，将拇指缩在手中。

有些新生儿直到半岁，仍几乎未松开过拳头。我们可以从中读到些什么呢？张开小手的婴儿似乎乐于接受这个世界，他们大概愿意来到这个世界上，想来生活也不会费力。他们或许已经愿意采取行动并付诸实践。我们很少需要担心这样的婴儿，因为他们更容易接收到来自自己周围环境中的爱意，并不会持续地寻求确认。假设周围环境适合孩子，那么他们可能不久以后便可以独自一人睡觉。否则，这样的孩子也会恢复如初，再次缩起大拇指。

显而易见，这同吮吸拇指有所联系。我们在紧张时可能会吮吸拇指，婴儿则会紧握拳头，将拇指缩在手中——以上两种情况均由紧张所致。对于还在培养信任感的新生儿，藏起拇指并不是什么不同寻常的事。对于年龄稍大的孩子，藏起拇指则意味着一种危险感或缺陷。关怀备至的父母应当知其所指，再次将孩子抱紧怀中，无微不至地给予照顾。

新生儿的双手原本就是这样，张开与否，均无好坏之说。无论如何，细致的观察都会使您更好地理解孩子。孩子不仅通过双手表现自己，表情和姿势也是表达工具之一。将拇指攥在指间，几乎未将其展现出来的孩子让我们明白，他们对我们的世界还不太熟悉。我们应该常常将他们抱在怀里，增加按摩的次数，给予他们更多的关爱。怀抱期间，我们可以小声地同其交谈，向他们描述这个世界，为他们哼唱一首歌。这样，孩子便会培养出越来越多的信任感，对周围环境的舒适度日益增加。**曾经握住拳头又松开的婴儿，很明确地向我们表示，自己什么时候愿意保持沉默，又什么时候乐于接受自己的周围环境。**

年龄稍大点的孩子到了傍晚睡觉的时候会将拇指缩在手中间，这种情况并不少见。夜晚，他们困意绵绵，同现实世界分离开来，踏上了去梦想之国的道路。如果白天便已经缩起拇指，那就表明，他们的自我意识受到了阻碍。为了再次加强自我意识，他们需要来自外界的帮助。如果家中的情况一切正常，那么我们就应该对孩子的学校和朋友进行调查了。凭借我们的帮助，孩子获得并重新建立起了自信心，这样他们便能足够有力地保护自己免受外界的攻击。我们实施的方式各式各样：有时，只需要进行一次明确的谈话；有时，是上一次空手道的学习课程；自发性训练或冥想也会给予其必要的支持。

安抚奶嘴

在此，关于使用安抚奶嘴的一些基本看法值得一提。在妇产科，它像尿布一样为我们普遍使用。女儿西蒙娜出生以后，她也遇到了同样的情况。我会根据需要给她安抚奶嘴（特此强调：是根据我的需要！），然而我却一再发现，西蒙娜总会排斥使用它。这个排斥的小游戏在家中大约持续了一周，直到她在我面前明显地吐出了这个令她作呕的小塞子。

于是，我明白该做什么了：伸手抓起这个橡胶怪物，将它扔进了垃圾箱。我尊重西蒙娜，但猜测，她不久便会开始吮吸拇指了。结果大错特错，西蒙娜并没有养成这种习惯。在此期间，幸好社会上对于这个话题的敏感度上升了，同时，人们也发现用安抚奶嘴会让孩子在吮吸母乳的行为上产生疑惑。

两年后，我的第二个孩子米歇尔出生了，这时我已经从老大身上得到了警示。当她像所有新生儿一样得到安抚奶嘴后，我在其身边经历了同样的事儿。我完全没有进行很长时间的将安抚奶嘴塞到她嘴里的努力，因为我知道，她会在下一刻将奶嘴吐出来。我尝试着理解自己的孩子，并对米歇尔的要求作出回应。安抚奶嘴再次被扔进了垃圾桶。看，米歇尔开始吮吸拇指了。于是，我开始对“安抚奶嘴”这一话题发表了一些自己的基本看法。

通常，当孩子开始尖叫，我们便会将安抚奶嘴塞进他们的嘴里。现在我却很确定，他们并不是因为想要安抚奶嘴而哭闹，而是想告知我们一些事情。试想，每当您想说话时，嘴巴却被一个木塞堵住了，您又会作出何种反应呢？尽管无数次尝试摆脱，这东西还是会痉挛似的压在嘴里，您可能会在某刻沮丧地想要放弃，而后又莫名其妙地沉浸于吮吸之中，以便再次摆脱这种失落感。

科学界几乎没有任何关于安抚奶嘴的研究成果，只有一个苏黎世人对此有过调查（雷默·拉戈教授）。该项调查对吮吸、咂拇指或需要布块的孩子数量进行了详细统计。但是，不需要上述安抚的孩子并未列入统计之中。我们可以从关于印第安部族的人种学报道中推断出以下结论：如果像安抚奶嘴这类的东西未从外界引进过来，那么便不为当地人所知。同样，人们也没有在那个地方发现任何咂拇指的孩子。因此，我们应当允许婴儿自由地吮吸母乳。

我们可以在英国人类学家阿什利·蒙塔古的书中读到有关身体接触的内容：“未受过教育的家长，反而通常会给予孩子所要的一切身体刺激，婴儿吮吸拇指的现象十分罕见。”莫洛尼举了个例子：“我在非洲、塔希提以及周边岛屿、斐济群岛、加勒比海群岛、日本冲绳岛和墨西哥发现，当地的母亲通常会用母乳喂养孩子，还会经常背着或抱着孩子。我发现，当地几乎没有一个孩子会吮吸 拇指。”

西格蒙德·弗洛伊德曾指出：吮吸是一种基本的需求。他将人类的首个发展阶段称之为**口腔期**[5]，根据他的观点，这一阶段大约会持续一年。他由此认为，如果吮吸需求发展不顺，将会导致这一发展阶段的“固定化”。口腔期“固定化”表现为贪吃、抽烟、酗酒、咬指甲以及无节制地说话。弗洛伊德进一步表明，口腔期的不顺发展可能会导致依赖、自私、苛刻或敌对的行为。今天，即便弗洛伊德的观点在某些方面存在局限，人们也对此进行过修正，但仍旧需要考虑的是：奶嘴和拇指在多大程度上成为要替代满足品。尽管，我们可以用别的方法更好地满足婴儿的口腔活动。

如果我们对母亲们进行观察，就能辨认出大致相同的模式：当婴儿哭闹时，母亲拿起奶嘴塞进婴儿的口中。婴儿用舌头将奶嘴挤出去，母亲又会将它重新放进去，这场小游戏“欢快地”进行着，直到婴儿失去耐心，顺从地放弃。于是在某些时候，孩子可能会因挫败感而将奶嘴视为替代品，由此得到满足。这样父母便又会遇上麻烦：费了好大的劲儿才让孩子接受奶嘴，可是几年后，又该如何再戒除它呢？

对于情绪的放松，还有一点可以使用：冥想手册包含了各式各样的专注和放松技巧，我们也可以同孩子一起来完成。其中一条是，通过用舌头抵住上颚来放松身心，原因在于上颚对应着身体的某个压力点。孩子们常常会完全无意识地做出此动作。不过通过仔细观察，我们会发在孩子们常常是如何借助半张的嘴陷入沉思，又是如何用舌头抵住上颚，开始思考某事的。我们成年人也会在闲暇时刻放松地做相同的事情。

因为孩子的舌头不再能抵住上颚，所以安抚奶嘴并不能帮助其

5　弗洛伊德将人格发展分为：口腔期、肛门期、性器期、潜伏期和生殖期。

放松自我。我们为什么应当谨慎地使用奶嘴呢？另外一个原因在于：如果我们发现，婴儿的确可以通过吮吸奶嘴安静下来并喜欢吮吸的感觉，那么自己就不必继续费心了，这一点是值得我们反思的。

胳膊

和婴儿接触多的人会发现，在大多数情况下，婴儿会用双臂紧紧地压住身体。这可能就是为什么我们在为其穿衣、脱衣时，他们总是会哭闹的原因——我们在为其整理着装时，总是会迫不得已掰开他们的手臂。

在给婴儿按摩的时候，我们起初只是短暂地按摩他 / 她的双臂，这会给他 / 她带来很多感觉。期间，我们能很好地观察到婴儿的反应：当我们掰开他 / 她的紧贴着身体的双臂时，他 / 她是否会放松下来或者开始哭闹。此外，沟通也十分重要，我们应该向孩子保证这样做并不会弄疼他 / 她，只是想给他 / 她轻轻地按摩罢了。大多数婴儿会因此快速地获得信任感，在三个月左右的时间内开始放松自己的双臂，这样按摩起来便容易得多。

以上的情况表明，我们应当多注意孩子的肢体语言和反应态度。孩子将自己的心情传达给我们，当我们对孩子的肢体语言了解越多的时候，便能更快、更有针对性、更有效地帮助孩子——这样孩子自己也会更轻松。

尤其要注意的是，孩子的肢体语言（成年人亦是如此）不会说谎。如果孩子并未告知我们他 / 她的烦恼，或者对自己正在遭受的某种折磨保持沉默，那么弄懂他 / 她的肢体语言将会对我们有所帮助。

如果孩子处在以下的状态：转过身去，僵直地站着（离您远远的），缩着脑袋，耸着肩膀，出神地盯着地面，那么这些动作均是其**受到困扰的标志**。这时，如果我要求孩子转过身来看向我，挺直身板或者做出诸如此类的动作，那么均会收效甚微。因为我只有在弄懂缘由、化解麻烦之后，症状才会消失。**在大多数情况下，孩子首先需要的是理解和爱护，这样才会用肢体语言表达出自己的幸福感。**

腿

大多数母亲会对孩子的腿部动作产生误解。当孩子出现蹬、踢腿的现象时，母亲会认为孩子正在对抗着某件事情。其实，孩子是在用小脚和小腿寻求着肢体上的接触，他们在裸体的状态下更有可能做出以上动作，而这些动作在他们还未出生之前便已经开始了。我们可以通过以下方式来安抚一个心神不宁或是饱受肠部绞痛之苦的婴儿：让婴儿保持出生以前的腿部姿势，并紧紧地按压婴儿的身体。

脱掉婴儿的衣服，将其赤裸裸地放在毯子上，这对于他/她来说多少有些害怕。因此，他/她会寻找一些熟悉的东西。正如我们从印度了解的那样，将婴儿放在大腿上，对其来说按摩效果最佳。这种姿势下，婴儿可以蹬着小腿踢到我们的肚子。如此一来，我们的双腿成了一个模拟的摇篮，按摩期间我们可以根据需要摇晃婴儿。婴儿的头部也能同母亲或父亲的面颊保持着最佳的距离。从下，婴儿可以感知到来自父母腿部的温暖；从上，按摩的双手可以予其加温。母子或父子由此连成一体，相互感知。

7.3　婴儿为什么会哭

小小的身体，大大的灵魂

每个孩子都应该被允许哭泣。如果不能及时地安抚哭闹的孩子，大部分的母亲会感到内疚，周围的人也会因此向她施加压力。

我们当然不应该简单地把哭闹的孩子放在他/她的小床上。这样的话，只会使我们想起自己之前的经历。当时我们还是婴儿，徒劳地哭喊几个小时后，没有人回应我们。现在情况完全发生了变化，以至于很多母亲不会允许孩子哭泣。

婴儿应当尽可能多地同母亲或其他照料人保持身体上的接触，况且他/她的天性本就如此。不管他/她有没有尿湿被窝，有没有饿意，想不想被人抱着，都会哭泣。原因可能很简单，或许他/她只想发自内心地哭一次罢了。我们对他/她已经了解了多少？他/她从哪儿来？过去如何？会怎样度过一生？未来怎样？面临哪些人生任务？命运如何？我们对此一无所知，甚至无法预测。但可以假设的是，这个小东西懂得很多，体会感知得很多。他/她的感官是开放的，我们的世界、观点以及科学的思考会对他/她产生影响。我们知道垂死之人需要时间同周围环境、他人以及自己的生活告别，和他们一样，婴儿也需要时间去领悟世界，感知归属感。我们必须承认这并不简单，反而异常艰难。如果我们向他们指出任务的难度，那么便能更好地理解他们。

这也解释了发生在三个月大的婴儿身上的肠绞痛现象：肠部的

变化令我们难受，婴儿同样需要“消化”自己的新环境，同时必须熟悉自己的新处境。自出生起，便有一些不熟悉的东西激起他 / 她的恐惧——对于生存的恐惧。婴儿很是无助，并且不可避免地消化系统受到影响，因为之前这一系统还未曾投入使用。

值得注意的是，与其他婴儿相比，那些时常被抱着的婴儿遭受肠绞痛的次数要少得多。母亲不断的活动使孩子得到持续的按摩与活动。身体和皮肤接触有益于放松，消除刺激，有益于培养安全感，由此产生了基本的信任。孩子感知到巨大的安全感，由此会很好地迈进新生活。未来，他 / 她将不受干扰、无所畏惧地发展自己。

哭闹是一种需求

倘若孩子从小就因某种明确的原因对着我们哭闹，用尽一切方法也不能将他 / 她安抚下来，那么我们便不用管他 / 她了，任其哭闹去吧！如果可能将其抱在怀里，便应当让他 / 她待在我们身边，轻抚他 / 她，安静地同他 / 她说会话。我们甚至可以鼓励他 / 她，要求他 / 她说出自己的伤痛。这样便能让孩子理解父母，理解父母正倾听着他 / 她的心声，理解父母正认真对待着他 / 她的伤痛，理解父母正尝试着采取行动。我们向他 / 她表明，自己做好了帮助的准备，他 / 她应该静静地抽离精神上的痛苦。当我们同哭泣的孩子说话时，很快便能从其眼中看出他 / 她对理解、安全感以及参与的感谢，这些都是他 / 她在此刻感受到的。

伊琳娜·普雷科普和克里斯蒂尔·施威策尔在《孩子是问路的客人》一书中写道："原则上，我们不应该尝试转移孩子的注意力，因为这种转移很容易产生某种危险——孩子会满足于父母对其的补偿，危险亦可能会发展为一种瘾症。比如，每次哭泣时，孩子会习惯于得到一个安抚奶嘴，这样便会形成连环反应。当他成为小学生时，会迷上咬铅笔头；成年之后便得用烟来安慰自己了。"

孩子若是得不到痛哭的机会，便无法排解心中的苦闷。他 / 她明白，父母不允许自己表达和展现内在的感情。然而，当我们允许他 / 她忠于自己的情绪，并让他 / 她得到理解和安全感时，哭闹便会很快停止，因为孩子可以将自己的伤痛表达出来，伤痛由此得到疗愈。让我们想一想，释放出来的大量哭闹是如何影响到自己的？如果有人妨碍我们，我们又该如何忍受自己的恐惧和担忧呢？

原则上来说，我们不应该阻止孩子的哭闹（正如上文说的那样，一个吃饱了却在干哭的孩子）。我是否应该给他 / 她喂奶，是否应该抱着他 / 她在楼梯跑上跑下，是否应该用玩具转移他 / 她的注意力，是否应该开车带他 / 她兜风——这些全是补偿满足，并没有解决根本的问题，不过是扬汤止沸而已。

或许，正是这些控制模式造成了社会上成瘾行为的泛滥。在人生的道路上，它一直阻碍着我们，干涉并感知着我们深层次的情感。因为我们自小便被传授了这一行为，所以几乎没有机会去释放自己。我们应当牢记着婴儿所需的东西（假定他 / 她的需求得到了满足）：一个有力的拥抱和温柔的照料。

在婴儿按摩培训班中，我常常会听到并经历这样的事情：当父母触碰到孩子身体的某个部位时，他 / 她会开始哭闹起来。我鼓励母亲们，在继续按摩的同时也要注意发生了什么。事实上，我一直有这样的体会，孩子们通常会在一周后停止哭泣，这是因为他 / 她开始会放松地沉迷于按摩之中，每天等待着享受。我猜想，按摩时通过轻触，会唤起孩子的某些反应或“回忆”，比如对于出生时伤痛的回忆。当我们继续按摩并安静地同他 / 她说话时，一定会注意到，婴儿不久后便会克服紧张感，乐于接受我们的触摸。

7.4 感知并接受疼痛与感情

我们也可以在年龄稍大的孩子身上观察到：当我们同他 / 她认真相处时，他 / 她的疼痛感便会很快消除。因为孩子的忍受能力很强，所以当他 / 她碰到东西、摔倒在地、撞到脑袋或受了伤时，如果 / 她没有哭闹，也并未注意到疼痛，那么我们完全不用作出任何反应。不过，如果他 / 她哭泣，我们就必须认真对待他 / 她的伤痛，专注于他 / 她受伤的地方，通过触摸"化解"疼痛，尤其得将他 / 她搂在怀中，安慰一番。这样，他 / 她才能在不久后重新投入游戏之中，将刚发生的事情抛之脑后。如果有可能，应该让孩子自己掌握主动权，以此得到安慰和鼓励，而不是在母亲或父亲的主导下行事。

疼痛时，父母越是说一些甜言蜜语，孩子越是会喊叫、哭泣。孩子原本只想让我们多加注意，认真对待他 / 她的痛苦，而我们的做法却使他 / 她真的感受到了疼痛。因此，如果我们专注于孩子的疼痛，那么便会教育出一个不怕痛的孩子。反之，如果我们对此敷衍了事，忙起了其他的事并试图选择性忽略，那么他 / 她将被教育成一个爱哭的孩子。

遗憾的是，我常常在操场上注意到母亲们是如何用一种敷衍的方式尝试安抚孩子的。孩子从秋千上掉下来，碰到膝盖或是撞到脑袋，便会跑到母亲身边哭泣，希望以此得到安慰。母亲看了看孩子，说道："啊，没那么痛的，也没那么糟糕！"孩子哭得更大声了。母亲不知道如何去帮助孩子，认为他 / 她应当停止哭泣。孩子于是提高了音调，从小声啜泣变为号啕大哭。周围的目光开始集中在母亲和这个“不像话”的孩子身上，于是，母亲便采取了行动。母亲现在十分恼怒，肾上腺素流入血液之中，她的脸上怒气冲冲。自然，一切都完蛋了，脾气爆发是肯定的，恶语和威胁一股脑地全倾倒在了孩子身上：“你一定要把所有的事情搞砸吗？给我马上止住，否则咱们立刻回家！如果你不能立即停下来，那么就怪你自己！”诸如此类的情况还有很多。

出了什么事？最初，孩子只是想让母亲注意自己的伤势，得到片刻的安慰而已。结果这一请求被母亲拒绝，所以他 / 她开始强调自己的需求，哭得更大声了。可是，这样的结果惹恼了母亲。孩子感到无能为力，他 / 她并未得到母亲的亲近和安慰，反而受到责备。所以，应当如何理解这种行为呢？孩子的基因受到不同的编程——计算机（即大脑）现在可能会发出通知：“不会对此行为输入任何指令。”因为我们人类并不是一台真的计算机，所以会受到单纯的情绪左右。解决这一问题的关键可能并未被发现，直到“保险丝”烧断，出现“短路”。很多这样的“短路”可能会损坏系统并触发危机，相对应地，我们会出现过度反应，而这又会导致对方的过度反应。

这种致命的循环仍未结束，因为待到下一次，为了触发母亲安慰的冲动，孩子的哭声会更大，哭势也会更凶猛，可到最后又是一片枉然。这样，便会一次次地加重孩子软弱的程度，恶性循环反复开始。可是，如果我们能以孩子的视角看待问题，那么对自己也是有所帮助的。

当今社会，真实的感情通常会遭到拒绝或否认。当我们听到病人或老人说他将命不久矣时，通常的反应是：“啊，您的身体还是那样的硬朗！”“呦，可别这样说！”“您会好起来的！”当哥哥姐姐向弟弟妹妹宣布一件令人讨厌的事时，对方可能会说：“这可不对！”“不是这样说的！”“你已经很受欢迎了！”或是“我不想再听第二次！”诸如此类。在这种情况下，我们所做的一切都是为了阻止说话人想要传达出来的感情。因此，我们阻挠着对话，并未研究过对面这个人的感情，以及给予他机会，让他表达并处理自己的感情，而是否定了它，将沟通扼杀在萌芽状态。**排解掉坏心情，才能将好心情迎进门！**我们并未清理情绪，反而产生了挫败感，继而衍生出不快，这也影响到了孩子，他们大为恼火并继续坚守着自己的立场。我们越是忽视这种感情，孩子越会迫不得已地表明，自己真实的感觉就是如此。这样，我们的脑海中便会形成一种孩子不愿合作的印象，认为自己必须对此发出责难。这通常会导致某种强烈抗议行为的发生，导致大家陷入困境，而这一切，原是不必发生的。

如同适用于需求一样，以下的说法也适用于感情：**能被感知的感情是完整的，这是一种不再令我们困扰的感情。**

首先，通过接受这些感情，我们便能在上面提到的两个例子中作出恰当的反应：“嗯，你真的相信自己将不久于人世……”“啊，你可不能这样做！”凭借这些句子，对面的人能真正领会，并可以继续表达自己的感情。这种情绪不再盘旋于内心之中，也不会造成任何破坏。

如果我们在教育的过程中说得太多，那么显示出的不是优点，而是缺点。我们往往会说服自己，对着孩子喋喋不休。这是因为，我们希望孩子了解、明白自己的用意，并自动遵循自己的指示。如果孩子并未这样做，我们会变得更仔细、更激动、更明确，也不会察觉到孩子是如何在这样的过程中渐渐封闭自己的。他们不再听从我们，到最后会堵住耳朵，公开指出我们的喋喋不休。

如果孩子用这种方式向我们指出，他们不想也不能再听下去，那么我们应该感谢孩子，而不是愤怒地对这种自认的“放肆行为”作出反应。

当孩子在学校、同朋友相处的过程中、在上学路上或是同老师交流的过程中遇到问题，父母最常见的反应就是用善意的忠告回应孩子。这种方法或许有用，但在大多数情况下并不能帮助他们摆脱困境。相反，当孩子觉得自己无力践行忠告时，只会加重他们的无能感。因此，同孩子待在一起，让他们独立寻找解决方法会更有意义、更有希望。例如，我们可以这样问：

“你觉得我们应该做些什么？”

“有哪些可能的方法？”

“你想要改变什么？”

最后再问一句：“我该如何帮你？”

这样，孩子会独立搜集掌握的情况，最后仍会要求父母提供必要的支持来实现自己的想法。采取这一做法时，我们便会意识到情况的严重程度。如果只是相互取笑这类的小事，那么即便孩子回家时会有所抱怨，也不会提出想要解决问题的建议，因为他/她明白，自己要对他人的行为负责，况且情况也并不像初时那般糟糕。如果我直接向孩子提供建议（“干脆回击……不要做胆小鬼，捍卫自己”或“换一条路上学或者告诉老师”），那可能会帮上倒忙。这样一来，当再次有冲突出现时，孩子认为自己不能为父母所理解，只能独自默默承受了。

如果我们给出现成的解决方法，那么便会剥夺孩子积极的、有效琢磨自己的问题的机会。不过，如果孩子意识到我们是他/她生命中的一部分，正努力地同他 / 她一起寻找解决问题之道，那么 他 / 她可能会变得强大起来，在实践时也会怀有满满的安全感。反之，如果我们为孩子提供大量建议，他 / 她在日后却难以践行的话，那么他 / 她会偏向于体察自己的不足。这样，孩子感觉自己像个失败者，在他 / 她看来父母十全十美、无所不能，他们的成就和强项是自己永远无法企及的。

孩子喜欢检验自己的技能和力量，尽管教育他们的人会对某些事发出警告，但孩子仍会进行尝试。若计划落空，孩子便会被劈头盖脸地骂一顿："我可提醒过你了！""如果你一直不听话，那就活该如此！""呵，不听老人言，吃亏在眼前！"这些话不仅讽刺意味十足，而且毫无用处。孩子并未从中获得理解、爱与关心，反而在面对如此"聪慧"的成年人时，加重了自己的无能感。反之，如果有成人的支持与鼓励，孩子会感觉自己并不孤单，学习起来就更轻松，也更容易忘却自己的无能与不幸。

如果不能从教育自己的人那里得到理解和安慰，那么孩子又该对谁有所期待呢？如果充斥在耳边的只有责骂与讽刺，那么他们的痛楚比放置在心中的石头还要沉重得多。这唤起了孩子心中的敌视与怒火，尽管你看不到这隐藏的一切。敌视和怒火潜藏在孩子的内心深处，伺机爆发。可能在同弟弟妹妹或玩伴之间的一次辩论中，感情会未经处理地发泄出来。无论如何，为摆脱压抑，孩子们正试图把这种"教育"方式传递给其他孩子。

我们一再看到孩子们在操场上命令、指挥、威胁其他的孩子，辱骂他们，甚至会对他们拳脚相加。一般而言，这些孩子之所以行为恶劣，是因为他们想要重复自己在家中所经历的相同遭遇，以此发泄怒火、消解烦愁。我们可以由此了解到他们的亲身经历。

我们必须澄清，是什么导致孩子缺乏敏感性，又会由此引发出哪些反应。不过，通过给予孩子所需的安慰，慈爱地将其抱在怀中，帮助其脱离不幸，我们可以积极地帮助孩子激发出相同的反应。对于孩子来说，我们是他们平静且可靠的支柱，这正是他们所需要的。他们知道可以依赖我们，寻求我们的保护和安慰。通常，这样一来，孩子会快速地摆脱不幸，笑一笑之后又无忧无虑地玩耍起来。此时，装在孩子心中的不是一块石头，而是一朵鲜花。下次一旦出现类似的情况时，孩子会将这朵花传递给自己的兄弟姐妹或玩伴，而不是用那块石头砸自己的脚。

- ☑ 肯定孩子的感觉。
- ☑ 关注孩子的信号并学会对此做出解释。
- ☑ 让孩子独立寻找和发现解决方法。
- ☑ 孩子会因此提高自己的能力，开始同您合作。

孩子的视角

从孩子的视角观察事物是大有裨益的。我们训练的次数越多，就越容易理解孩子。通过转变言行，我们寻得了一种理解方式，它使得生活变得更加协调与和睦。从这一角度来看，**我们必须丢弃先前所有对孩子的敷衍。**

孩子的考虑方式同成年人是不一样的。我们只需一次就能观察到孩子的书写方式：从右至左，顺序颠倒，看书也是从下至上，很小的孩子甚至会把书拿倒过来。很明显，他们能同我们一样看图，甚至效果更好。值得注意的是，很多孩子都喜欢倒着拿书。大多数成年人会将其手中的书摆正放好——他们强迫孩子用自己的方式阅读，无知且偏狭地对待其他的阅读方式。孩子有权以自己的方式阅读，我们必须承认，他们能以最佳的方式观察图片。

我们应该尝试加入孩子的世界，倒着阅读书籍，不拘泥于固有的阅读模式，允许自己接受其他的观点，和孩子共同生活，这个过程定会颇为受益。

您可能将以上的一切视为家常琐事，而我也承认您的想法完全正确，但共同生活确实只是由琐事组成的，它们汇聚成一个整体，构成共同生活的主要基调。

孩子在思考时左右脑同时开工，所以他们的思维方式看上去复杂且随意。主要依靠左脑思考的我们（重点放在智力上），可以从孩子那儿再次习得促进右半脑工作的方法。

7.5 婴儿按摩

皮肤，敏感的器官

> “妈妈——当您抚摸我时，
> 您的手掌是多么的可亲，
> 多么的温暖和美好。”
>
> ——米歇尔

作为人类身体面积最大的器官——皮肤，将我们完整地包裹起来。它是人体最敏感的器官，是我们同世界接触的首要媒介，并最有效地保护我们免受伤害。直接同皮肤联系在一起的触觉是所有感觉的源头，较之其他感官，皮肤从胚胎时期就已发育起来。阿什利 · 蒙塔古在其《肢体接触》一书中证实：我们在产前的研究中发现，相较于其他器官，生物体皮肤的敏感性发展得更早、更复杂。此外，我们还了解到胚胎发育的一般性规律，它越早出现，发挥的作用就越重要。事实上，皮肤的功能性作用十分重要。

出生之时，婴儿就通过皮肤感知到最初的感觉。婴儿的皮肤很薄，没有任何的脂肪膜和肌肉，因此同其下的器官和骨头有着直接的接触。从充满温暖羊水的子宫中出来以后，婴儿便感知到外部空气中的凉意，因此，如果将其快速地放到母亲的肚子上，婴儿会特别开心，因为在那里，婴儿感觉到了熟悉的暖意。他 / 她将在母亲的肚子上体会熟悉又陌生的感觉，觉察她的肌肤，感知母亲那温柔轻抚着自己的双手。

常言道，眼睛是心灵的窗户。其实，皮肤也反映着我们的情绪和状态。心情舒畅，皮肤便会红润有光泽；疲惫劳累，皮肤便会苍白黯淡；愁眉不展，皮肤便会状似靴皮；生气愤怒，也会有相应的反应。很多疾病，尤其是儿童疾病，都是通过皮肤表现出来的。由心理负担引起的疾病——过敏反应或青春期长出的痘痘——都表现出了我们内部的心理状况。

因此，婴儿按摩是安抚孩子心灵的香脂，因为它不仅由爱抚和抚摸组成，还同周身的感觉联系在一起。一方面，对于父母来说，它是了解孩子的一剂良方；另一方面，对于孩子来说，它是尽可能迈入生活的良好开始。每天，孩子无法活动或勉强能活动到的身体部位，都会得到亲切的抚摸。除了内部器官，身体的每一个部位也会更好地发育起来。

受到关心和爱护的婴儿，其精神也会感到舒适。对照实验证明，相较于未受过按摩的婴儿，他们会发育得更快、更好。

法国产科医生弗里德里希 · 勒博耶曾在印度见识到一种合乎人类尊严且自然的生育方式，通过提倡无暴力分娩法，勒博耶在西方世界发起了一场生育革命。在印度，婴儿按摩是一种传统，而勒博耶使其在西方流行起来。他凭直觉认识到抚摸对于婴儿的重要性与必需性。

看，当婴儿醒来哭泣，
此时的叫嚷声并不是因饥饿而发。
而是出于
对新的、陌生世界的恐惧。
内部陌生、可怕、烦恼的东西
和外部毫无生气的寂静
形成了对比。
婴儿的胃感觉到了饿意。
毫无疑问，
皮肤同样感知到了饿意。
它是如此的贪婪，
背部，
脊柱，
贪婪地寻求爱抚，贪婪地寻求感觉，
像胃一样的贪婪，
渴求着乳汁的滋补。

——弗雷德里克·勒博耶

经过一周的按摩，培训班的大部分母亲证实了以上的观点，很明显，孩子们睡得更香甜了。针对性的触觉刺激环绕着身体的每个部位，婴儿感到更加轻松自在，得以安静下来，睡眠质量变得更好，夜间也很少会醒过来。这样，父母休息的时间也更多了。

按摩是家中可靠的常备药

同缺乏关注、受到家庭生活干扰、发生争执（简称心理压力）一样，精神疾病也是孩子患病的一种表现。因此，孩子会无意识地要求更多的照料、温存和爱抚。若孩子在家中可以获得更多的关注和照料，那么成年之后便无须频繁看病了。病人会向医生或治疗师寻求理解和安慰，但遗憾的是，很少有医生懂得正确地解释这种症状，只是为病人开出一些药品，这样病人还是会进行下一次的问诊。

孩子渴望爱抚，我们也应当有求必应。这不仅因为他们会在日后回报我们，还因为孩子会由此获得爱抚他人的能力，这种能力会传递到他们的下一代。

在我们的文化中，婴儿接受的身体接触比爬行期的孩子要少得多。婴儿扭动着笨拙的身体，被母亲抱上床或摇篮，顶多通过喊叫获得成人的注意，要求更多的身体接触。但对于母亲是否正确地解释了这些叫声，还值得商榷。因为同爬行期的孩子相比，婴儿受到忽视后，不会再自愿接近父母、获得身体接触。

如果我们习惯了每天按摩婴儿，那么，在给年龄稍大点的孩子按摩时便不会感到棘手。孩子习惯了按摩，因此便不会怕痒。他们熟悉了您的双手，愿意感受您亲切的爱抚。当然，当孩子年龄稍大点时，也不能天天为其按摩，而是选取特定的时间，比如，遇上麻烦，身体忽然发育，或是变得特别好斗、难以接近（急需关照和爱护）的时候。

体罚——一种不合适的教育方法

有些孩子从一定的年龄开始，就体验到了一种独一无二的触觉感受，这种感受和疼痛有关。某些在教育中无计可施的父母会动用不同的方法体罚孩子，他们时常是因为意识得太晚，以至于走进了死胡同。孩子会变得顽固不化、不知所措、恐惧不安和难以驾驭，这些表现又会再次激起父母的打骂行为。可悲的是，体罚这种方式会击溃孩子的天性。父母应当明白，他们可以通过尝试着理解孩子，表达自己的爱与关心，满足其所需的爱抚来帮助孩子。处罚、打击、辱骂、威胁、命令、教训、说教、警告、比较、预言、挖苦、指责甚至是源源不断的恐惧，都是错误的教育方式。

幸运的是，上述的体罚手段已经不为大多数家庭所接受。圣诞老人应当在教育上对孩子产生正面的影响，就像用其他可怕的虚构人物对孩子进行威胁一样，人们原先出于教育目的用这些人物来教训孩子的。

给孩子再多的温存也不为过。触觉上的满足在孩子的第一段生涯中扮演着基础性的作用，对于健康的发育也至关重要。小小年龄就缺乏爱抚和温存，将会导致严重的行为障碍。或许您会对无限的爱抚产生怀疑，不过请务必考虑一下，多爱不会有所损失，但少爱一定会。

8

妒忌

- 理解与准备
- 不用总是为一切负责
- 关注力

谁会不认识它？妒忌，它常常蚕食着我们的内心。无可否认，妒忌根植于我们的内心，它的侵蚀程度远胜于饥渴感，甚至超过了爱与理解。当我们深陷感情受伤、遭到欺骗（尽管事实并非如此）、感到失望和自卑，当情况糟透了的时候，我们容易深陷其中，难以自拔。我们能够体察到这种感觉，却不知如何改变。最终我们自以为是地认为，应当由他人结束我们的痛苦，毕竟在我们的心中，他人才是事端的罪魁祸首。不过，如果我们试想一下：因为他人异于我们，所以他人的行为自然有所不同。这样的话，对于这些难以接受的事实，我们自己的心里也好受多了。

说实话，我们几乎不会将妒忌看作自己的问题，像对抗令人不快的肥胖一样，我们用同样的愤怒抵抗着这种感觉。心想：这一切都是别人的错误。于是，这便给了我们妒忌的理由。

如果从孩子的视角来看，他 / 她会认为："如果我没有兄弟姐妹，就不需要妒忌他人了。"他 / 她说得没错。如果孩子有了弟弟或妹妹，那么，他 / 她最初并不会将其视为玩伴，因为在他 / 她眼中，弟弟 / 妹妹现在确实不是以婴儿的身份出现的。孩子注意到，父母原先落在自己身上的全部关注发生了变化，忽然之间，它不只是对半平分了，而是消失了大部分。试问，谁在此刻不会妒忌呢？当这个新来的闯入者"偷走"自己的父母时，谁又会对其笑脸相迎呢？不，我们永远不会对此有所期待。第一个孩子心想："千万不要以为，我会不加抵抗地就把自己的地盘让出去。你这个哭闹的讨厌鬼，必须给我尽快走人。这样的小不点儿，我不知道大家为什么会对你感兴趣……我怎么就没人关心呢？"

8.1 理解与准备

当弟弟或妹妹出生时，孩子的感情世界会发生天翻地覆的变化，家长无须对此表示质疑。作为父母，我们必须在下一个孩子出生之前就弄清楚这一点。当孩子出现妒忌的情况时，我们不应该对此产生抵触情绪。

首先，从情感角度去共情孩子，认真思考关于“嫉妒心”的问题。

比如：

它何时出现的？

我们在这些时刻感觉如何？

我们在做些什么？

当孩子被嫉妒心折磨时，这些想法会帮助我们了解他 / 她。这样，我们便不会向孩子颁布任何禁令、规定和建议，而是尝试在内心深处理解他 / 她。这样就为解决孩子的嫉妒问题迈出了重要的一步。

为了预防此类情况的发生，我们应该在二胎出生之前让孩子对即将到来的变化做好准备。如果我们提前向孩子解释，他的弟弟或妹妹即将出生，自己将会忙得不可开交，会给弟弟或妹妹喂奶、换尿布，弟弟或妹妹将占据自己整天的时间，那么孩子便能对此做好思想准备。我们可以同孩子一起欣赏他 / 她童年时期的照片，向他 / 她解释，自己也会对弟弟或妹妹做同样的事，如果他 / 她能提供帮助，那么自己将不胜感激。**激起孩子帮助的意愿**是极其重要的，因为孩子愿意为人效劳。当他 / 她察觉到自己被需要时，他 / 她愿意提供帮助，不会再觉得自己是个累赘，开始意识到自己的重要性。

这种感觉有助于您掌控孩子的嫉妒心理。当孩子察觉自己可以作出贡献，察觉我们需要他 / 她的帮助，并可以得到器重和表扬时，便会满心欢喜地接受新来的孩子。他 / 她会对婴儿的表现作出极其敏感的反应，并将对母亲的注意力转移到婴儿的需求上。

8.2 不用总是为一切负责

在所谓的第三世界的国家中，母亲为了预防孩子嫉妒心理的出现，会经常将其他孩子抱在怀中，拥抱亲吻，也会同他们开玩笑，这样亲生孩子对于他人时不时地分享自己母亲的这件事儿便会习惯。当然，生活方式和居住状况也会迎合这种行为。因为在这里，居住密度大，人们频繁地在街头巷尾相遇，大家一起在户外体验生活。很多孩子并不会被排除在外，而是加入其中，成为生活的一部分。

而我们这样的小型或微型家庭，几乎给予不了孩子与同龄人深入相处、相互比较的机会。除父亲外，孩子不愿意同他人分享母亲。母亲将自己完完全全地奉献给了孩子，无时无刻不在为其服务，如果有可能，也会成为陪其玩耍的游戏玩伴。这种全方位的照料不会为任何人所干扰。但是，**孩子必须接受一个事实：母亲有她自己的事。**正因为如此，他 / 她必须习惯同别人一起分享母亲。如果孩子很早就学会了这一点，便会更容易地接受弟弟/妹妹的到来。

请您比较以下情形：当母亲在街头开始同人谈话时，孩子是如何哭闹纠缠的？相同场景在不同的文化中又是如何发生的呢？譬如在非洲，一位母亲带着三个孩子，在路上遇见了熟人。一个孩子被母亲抱在怀中，一个背在背带里，还有一个站在街道上。这些孩子完全没有这样的意识：在母亲与女性朋友、女邻居或女同事谈话时进行干扰，要求得到妈妈不断的关注。

四五个月大的时候，我们期望孩子出现首次的失落情绪，告诉他 / 她，因为自己还有事儿，所以他 / 她必须等一下。我曾在游泳池边观察到不同寻常的一幕：三个非洲女人坐在池子的边缘，谈笑间，她们将双腿伸进了浅浅的水中。几个孩子正在她们周围玩耍，女人们既没有转身看孩子，也没有一直追在他们身后。还有一个一岁左右的小女孩坐在自己的母亲身边。突然，母亲站了起来，一个猛子扎进了水中，泳池的水只到她的肚子那儿，这样她便能撑着胳膊继续同朋友聊天。小女孩见状开始哭了起来，母亲却没有理她。

母亲有满足自己需求的自由和权利。她知道孩子不会有任何损失，只会因为距离的变远而产生小小的失望。母亲不加解释地允许了孩子的哭闹，但动作和言语上都没有采取任何措施去安慰孩子。她明白，自己不仅可以过高地要求孩子，孩子自身也应如此。孩子因为哭闹排解了失落感，同时明白了母亲也是一个独立的个体，是不会一直围着自己转的。

西方世界很少对此作出回应。父母通常是斥责或溺爱孩子。这两种反应均很夸张，也不正确。因此，珍·莱德罗芙写道："耶夸纳部落中，母亲或婴儿照料人的态度都很轻松。通常，她们并未照顾婴儿，而是忙着其他的事情，但对于这些"爬行冒险家"的动向都很敏感。她们不会因做饭或其他事停下对孩子的注意，除非某事需要自己高度的关注。她们不会向寻求安慰的孩子张开自己的双臂，而是以平静、忙碌的方式对待他/她。在自己恰好走动时，才会允许孩子坐在自己的腰间玩骑马游戏。"

母亲或照料人不会主动联系孩子，这对她们来说没有意义。孩子会主动寻找她们，通过行为来表达自己的意愿。这时，母亲或照料人会欣然满足他/她的愿望，但并没有进行额外的任何补充。在整个交流的过程中，婴儿充当了积极的一方，她们却恰恰相反，只起到辅助或者协助作用。孩子累了，她们会安排其休息；孩子饿了，她们会喂其吃饭。

莱德罗芙详细描述了耶夸纳女性的育儿情形：她们并不会特别地关心自己的后代。在我看来，我们的社会正好相反，母亲在孩子身上贡献了太多的时间。我们早该明白这个道理。母亲不是孩子的玩伴，她只需要关心孩子、照顾孩子，在需要时给出安慰、给予支持与帮助，最主要的是向孩子传达自己的爱意。母亲不适合作玩伴，因为她过于宽容，游戏时，她不会和孩子一样遵守同样的规则。此外，孩子知道母亲对自己有求必应，所以不久他 / 她又会不恰当地提出更高的要求。母亲被他 / 她扣得牢牢的，难免由此陷入了矛盾的精神冲突，在失落和内疚中不知所措。

请自问：我该做些什么，才可以在生活中继续帮到孩子？“终身受益”是什么意思呢？尼采曾有这样一句名言：杀不死我的，会让我变得更强大。这句话有个重要的核心点，因此我必须恳切地告诫父母，**不要轻易地陷入良好感觉的怪圈，认为全身心地关注就会教育出一个受人欢迎的孩子。**孩子只认识自己的世界，在这世界中，他 / 她没有任何比较的可能，如果被打、被禁锢或被忽视，孩子对此毫无意识，所以他 / 她也没有那么强烈的辨别能力。在孩子眼中，世界如自己所经历的那样，所学即所见。学习过程的下一步是明白不同的人有不同的需求，自己最后必须从属于这些需求。原则上，世界并不会因人改变，而是反其道而行之。我们应当将无条件的需求满足限制在出生后的头三个或四个月——这样，初始的信任感便建立起来了。这之后，孩子不得不开始学习体察周围人的需求，首先学会服从和顺应。只要您发出正确的信号，无须使用惩罚、奖励或权力措施，孩子便会顺应您的要求行动起来。

在理想情况下，您可以带着孩子去工作场所。如果有另外一个人可以照顾孩子，他也能对孩子进行指导，孩子很快便学会区分和适应不同的人。如果孩子得到庇护，那么他 / 她的处境也会非常安全，同其他孩子玩耍时也会迅速忘记母亲的缺席。

在任何情况下，母亲都应该尝试做自己的事，感知自己的需求。只要有可能，孩子就应该被允许站在一旁进行观察，根据母亲的需求而被搂在怀里，拥抱亲吻。通过这种方式，孩子学到了很多：首先，他 / 她亲身经历了母亲的日常；其次，习惯了自己一个人忙碌。他 / 她学会了将母亲视作一个永远陪在自己身边，却不能随意使唤的人。于是，母亲成为一个静止的中心点，孩子在需要时，可以从这里找到安慰和鼓励。不过，他 / 她会一再地确认母亲的存在，或同她进行小小的对话。

及时了解正确的育儿方法非常重要，这样让我们从一开始便可以防患于未然，帮助孩子避免嫉妒心的产生。完全没有嫉妒心的话，孩子的心态当然不会受到任何影响。但是，如果嫉妒心被控制在界限之内，它便会产生正面的影响。重要的不是排斥嫉妒心，我们更应该学会同它打交道，接受它作为一种感情的存在，认识并利用其有益的潜力。

- ☑ 请您不要给出任何错误的承诺。
- ☑ 不要觉得自己得永远对孩子负责。
- ☑ 让孩子主动接触。
- ☑ 孩子不是世界的中心，他/她得适应自然，而不是反其道而行之。

8.3 关 注 力

当我们意识到有第三者喜欢我们的朋友或者伙伴时，往往也就会更在意自己喜欢的这个人。我们会努力唤起他 / 她的兴趣，向他 / 她表明他 / 她对于我们的重要性，表明我们对他 / 她的爱意。以上就是妒忌积极的一面。但如果我受到了伤害和委屈，开始哀叹和抱怨，并试图伤害、侮辱自己的同伴时，那么妒忌便证实了我们心理扭曲的那一面，而我们也会不断地在这上面栽跟头。

孩子恰好是真正的艺术家。他们一再尝试着吸引我们的兴趣和注意，经常通过自己的游戏、表情或笑话给我们带来欢声笑语。他们一旦发现一些可以吸引、逗乐到我们的东西，便会不间断地就此进行重复。这也同妒忌有关，这里指的是它积极的意义。

如果孩子对着婴儿作出妒忌的反应，那么我们必须告诉自己，这是一种自然且理所应当的反应，只能允许不应压制。而我们要做的，只是采取正确的方式引导孩子。

对于弟弟或妹妹所得到的关注，大孩子声称，想要将它转移到自己的身上来。当大孩子通过击打、哭闹或其他方式表现出妒忌之心，以此寻求我们的关注时，我们最好冷静对待。一旦我们陷入怒气之中，斥责孩子（“你没长眼睛吗？我正在忙着呢……”“马上给我停下，否则……”“快给我安静下来！”），便会发现，孩子将使出浑身解数继续占用我们的时间。

我们得从孩子的角度来考虑问题。弟弟 / 妹妹的出生会占去原先属于他 / 她的焦点。所有的父母都得明白，第一个孩子绝不会对此善罢甘休。即使我们事先对他/她做了思想工作，该发生的依旧会发生。

孩子不能同弟弟/妹妹创造出融洽相处的状态，他/她会觉得自己无能，开始抱怨、殴打弟弟/妹妹等。这时，如果父母仍然责骂、惩罚孩子，那么孩子的无能感以及情绪上的杂乱都会加强。这样的话，孩子对于弟弟/妹妹的反感程度也会升高。随着厌恶和仇恨的加深，为了逃脱母亲的责罚，孩子会偷偷地体罚弟弟/妹妹。

那么该做些什么呢？短暂地安慰婴儿后，我们需要立刻关心大孩子。您可以说："我觉得，你现在的心情不太好。"尽可能感情细腻地说出这句话，避免出现讽刺的口吻。当您在说这几句话时，孩子会睁大着眼睛看向您。停顿一会儿后，您接着上边的话继续说："你想弄明白，我为什么知道你心情不好吗？"孩子几乎给不出一个回答，而是充满疑问地坐在那里，如果他/她摇起了头，那便是最好不过了。这时，您接着说："我来告诉你吧！你知道，如果我们打了别人，自己心里也会不好过的，所以我知道你心情不好。"通过和孩子探讨他/她的心情，您进入下一个重要的步骤。"如果我心情不好，那么肚子（这时您要揉起自己的肚子）、心（摸着心）或者脑袋（指指头脑），都能感受到。你想试试，也摸摸这些地方吗？看看都有什么感觉？"

通过这样的方式，孩子学会了辨别内在的情绪。他/她殴打或折磨弟弟/妹妹，这些行为便是所谓的投射——孩子将自己内心的妒忌、愤怒以及沮丧向外投射到了弟弟/妹妹身上。当我们还是孩子的时候，便已经遵从内心，明白了这些感情，明白它们只属于自己，和他人没有任何关系。这是我的愤怒、我的妒忌、我的恐惧、我的无能，等等。如果我从小便知道它们是自己最原始的感觉，不得不同其打交道，而不是将其发泄到对面的人身上，那么生活中便能同他们更好地相处。

听完我们上面的话，大多数孩子会用手指指肚子或心口，极少数会指指脑袋。这时，您告诉他 / 她，自己可以理解这种感情。你理解他 / 她有时厌恶弟弟 / 妹妹的原因：小小孩哭得太频繁，母亲也就得不断地为其哺乳、洗澡等。这样，自己得到的关注自然就少了。

现在，在同孩子建立良好沟通以及和谐关系方面，您已经迈出了关键的一步。虽然孩子做了一些不被人认可的事儿，但是您不必再告诉他 / 她对错了。为什么呢？其实，孩子从一开始便对此心知肚明。因为他 / 她想要他人痛苦，才会打人。父母的“你把宝宝弄疼了”这样的反应是多余的，因为这正是其用意所在。孩子的腹部俨然生出一股无法忍受的感情。没有人喜欢殴打他人，孩子亦是如此。对于自己所做的错事，他 / 她同样了然于心。当您专注、慈爱地对待他 / 她时，不好的行为也会相应消失。

如果您现在告诉孩子如何处理自己的不适感，那么用一些特别的方式或手段解决问题便是很容易的事了。当他难以用语言表达时，您可以做鬼脸，扮怪相，发出相应的声音或摆出手势，同时问他 / 她“感觉如何”，用这样的提示语言来帮助他 / 她思考。或许您可以拿出一张纸，乱七八糟地画上一番，并说：“我现在知道是什么感觉了，你呢？我已经完全理解了你的这种感觉。如果它下次再出现，你就告诉我，然后我们一起唱首歌或看本图画书吧……”您画上小小的、象征“生气”的“火气球”，把它剪下来放在孩子能够到的罐子里，方便孩子生气的时候将它递给您。对于孩子来说，这有时比口头表达要更好。

当您掌握了不同的观点，便会形成一种良性循环。这时，如果您细腻地对待孩子，他 / 她便会体会到爱与理解，这种爱意同时会回应到您和小小孩身上。您赢得了孩子的爱。此外，他 / 她会将您视作更大、更有力量的榜样，因为他 / 她就此明白了一个道理：**更大、更强的人会更善解人意地对待比其弱小的人，即便弱小者并不值得如此。**孩子会将自己和您的经历模仿在婴儿身上。但是，如果孩子受到谴责和惩罚，他 / 她便会将这些转嫁于婴儿身上。

很多妈妈认为，因为孩子打过弟弟 / 妹妹，所以我们不该抱他 / 她、抚摸他 / 她和奖励他 / 她。于是，我问道："你想要的是和平还是公平？"世界上有什么公平的事儿吗？有些孩子从出生起便高枕无忧，有些孩子仍食不果腹，这是公平吗？因此，我们更偏向于和平，手上做的也是能带来和平的事儿。关于这点，我喜欢给母亲们讲述巧克力的故事。想象自己走进一家商店，偷了块巧克力出来。经理正站在出口那儿微笑着等待您。他打了声招呼，对您说："啊，我明白了，如果您喜欢巧克力，那就从这里拿一块走吧。"并向您递过来一块巧克力。想想吧，您会再偷这家商店的东西吗？大概不会了吧。

对孩子来说亦是如此。如果我们友好地对待他 / 她，嫉妒心便会慢慢地得到克制，整个家庭便会更加和谐。如果孩子接受了我的建议，同我一起努力克服新的状况，快乐且热情，那么对于我而言便是公平。最重要的是：孩子通过这种反应学会了去爱弟弟 / 妹妹，学会了给予弟弟 / 妹妹自己的爱。

如果大孩子再次要求母亲喂奶，您不必加以制止。担心自己得为两个孩子哺乳的想法纯属杞人忧天，我从未听说大孩子爱坐在母亲怀中喝奶这件事儿。他 / 她不再钟情于母乳，这样问题便得到了解决。对于大孩子来说，唯一重要的事儿，不是决定不再喝母乳，而是明白自己不会被剥夺关注。

在换位思考并理解了孩子以后，您可以鼓励他 / 她帮助自己照顾婴儿，譬如给婴儿换尿布、洗澡或按摩。大孩子可能会不辞辛劳、满怀热情地参与到您建议的日常事务中来。您可以将一定的责任以及各式各样的任务委托给这个孩子。

鼓励孩子独立、自愿地执行新任务十分重要。施加给孩子的压力（“你已经是个大孩子了，所以必须照顾弟弟 / 妹妹”）往往会适得其反，因为这将孩子被动地推入了一种境地，那并非是他 / 她自主、心甘情愿的选择，那样的话，孩子无论如何也得不到成长。

如果母亲告诉孩子，自己既不能理解也不会接受他 / 她的行为，那么孩子可能会对自己发怒。如果母亲断言，自己的大孩子绝不会有任何的嫉妒心，那么我们有必要对此表示怀疑。这可能是因为母亲有意识或无意识地让孩子明白，自己不会容忍他 / 她的妒忌行为。或许我们会对此有所疑问，但经证实，孩子会将自己的妒忌之情安置在另一个层面上。为了不激起母亲的愤怒和火气，孩子可能会通过咬指甲、犯口吃、尿裤子、排大便，甚至倒回退化阶段以及再次要求喝奶等方式，来折磨自己。一些孩子为了获得关注，甚至会染上心理疾病。

只有当父母认识并理解触发这种行为方式的真实背景，才会作出适当的反应，才会给予孩子支持。用爱与理解帮助孩子摆脱深深的不满。

☑ 嫉妒是对要求关注的一种表达。

☑ 尝试理解并探索这种感情。

☑ 尽可能发现这种感情的妙处所在。

☑ 让孩子用表情、声音以及身体表达这种感情。

☑ 将任务转交给孩子，以此表明他/她的必要性与重要性。

9

孩子需要界限

- 界限给予支持感和安全感
- 威胁
- 如何设置界限：入睡问题
- 反抗是有条件的
- 坚定性——关键

9.1 界限给予支持感和安全感

孩子需要界限。他们寻找着界限，而我们则被要求为他们将界限鲜明地设立出来，这样我们便能给予他们支持感和安全感。孩子必须在家中，在被保护的环境里学会如何表现，并且反复练习与学习，这样才能在外边的大世界中保护自己。他们必须学会同怒气、狂躁打交道。如果他们在家中都得不到试验和练习，那么在哪里可以呢？

很多父母将孩子的感情爆发同自己联系在一起。他们会立即对此作出反应，感觉自己必须进行反抗并维护自己，这是因为他们根本不喜欢和不接受孩子的这种态度表达。然而，在不接受中，他们使孩子失去了处理自己感受的机会。当孩子因为自己的无能而生气时，因为自己的嫉妒心而受挫时，我们应当意识到，在这样的时刻，孩子需要的不是责骂而是帮助。

学会适应和兄弟姐妹之间的争吵，加强自己的感官机能，衡量自己的力量以及训练自己，是孩子发展过程的一部分。如果我们总是试图禁止这类无伤大雅的吵闹，那便是好心办错事了，因为我们只是按照自己的标准来衡量孩子的行为。孩子需要经历小的摩擦与争端，这样他们才能学会证明自己，训练自己适应外面的大世界。因为我们要求孩子具有处理自己感情的能力，所以他们必须有机会表现并且经受住这份考验。家，是一个让孩子学会同冲突打交道的好地方。

孩子会突然生气发怒，这是再正常不过的事情了。这时，他们便需要我们的爱与理解，以便再次平复自己的情绪。如果我们也像他们一样发起火来，那么任何事都解决不了，我们会陷入更大的麻烦与无助之中。

界限如同孩子生命的路标，孩子找寻着界限，依其行事。没有界限的孩子变得毫无方向，丢失自我，容易陷入困境，并且在找寻界限的过程中变得缺乏自信，因为他们对此毫无感知能力。

孩子在母亲身上已经能感知到界限。出生后，孩子躺在小床上更有安全感，在这儿他们可以感知边界。渐渐地，他们发现了更多的界限：屋子的墙壁，花园，隔开邻舍的栅栏。他们发现了界限又突破着界限，了解界限的经历使得孩子的自我感觉和自主发展成为可能。**孩子有意地找寻着自己的界限，我们将其设置得越明显、越清楚，孩子便会觉得更适应、更安全。**只有当他们认识到了自己的界限，才会体会并享受自由。

不合适的模式：伙伴式的教育

要申明的是，我们不能采用伙伴或同伴式的教育方式。许多宽容、开明的家长认识到专制的方式并不适合教育孩子，同时，在反专制的教育方式显示出明显的缺点之后，他们便开始找寻着一条新的途径。通常他们会决定采用一种伙伴似的、友好的教育方式。表面上，此种方式是可行的，或许我们在孩子出生时就期望与孩子之间如同朋友一般友好相处。但是，谁愿意向朋友表明界限或制定规则呢？

父母也事先预料到了这种模式操作的困难，他们会在某一个时期重新采用专制式的教育模式，但这种模式长期处于搁置状态，对于教育措施来说，它出现的时间太晚了。如果父母更了解孩子、教育以及界限，那么他们绝对不会沦落为糟糕的家长。

试想，我作为母亲或者父亲，不能或不愿继续忍受某些事情时，便会坚定地在此设立界限，因此，不存在普遍适用的界限。在一对父母那儿得到允许的行为，并不代表能为其他父母所接受。重要的是，我们要遵循同一种原则来设立界限，不会允许这次可行，但下一次便禁止了。**只有前后一致的界限才会给予孩子必要的支持。**

我们也可以给很小的孩子设定界限。下面的例子对此作出说明：一个小孩在座位上把勺子弄掉到了地上，对这位“小物理学家”来说，这正是一个学习重力的快乐游戏。孩子知道当自己将手松开的时候，勺子会落在地上，当啷作响。有趣的是，勺子每次都不会落在相同的地方，而是会在不同的地方发出响声。孩子会继续兴奋地发现，勺子总是能回到自己的身边。母亲弯腰捡起了勺子，把它再次递给孩子。如果不能立刻取回勺子，孩子便会开始哭闹，这样勺子会再次出现。孩子不仅能学到物理学的规律，还了解到他的行为产生的效果：为了达成自己的意愿，人们可以用哭闹促使他人采取行动。原则上，我们不会对“掉勺子游戏”以及孩子的学习过程提出反对意见。每一个孩子都会做这个游戏，我们应当安静地参与进去，不过时间不要太长，否则我们便要向孩子解释：“看，这是最后一次，之后我不会再给你勺子了。”孩子一定会再掉一次勺子，以便检验您是否信守诺言。这次您不必说明理由也不要责骂，只是简单地让勺子待在地上，最好离开现场，以表示自己不再做这个游戏的决心。孩子会表达自己的不满，还可能会勃然大怒。您得让他 / 她适应自己的情绪，这样他 / 她才能排解自己的失落感。这时请您保持绝对的安静。片刻之后可以把孩子抱到地上，他 / 她可能会再次捡起勺子或是玩起了别的东西。我们称之为分心，在这个年龄分心是一种有意义的选择。您可能还想说几句安慰的话语，譬如："如果找不到勺子便大声尖叫，这可不好玩！"您得这样想，我们绝不应该打断孩子的游戏。您得预先通知："再玩一次，我们就得结束了。"而不是说："现在马上停止。"这样孩子才有机会做出准备。那么，孩子从中学到了什么？首先，信任您说的话；其次，认识到哭闹是不会成功的。此外，孩子还拥有了这样的经历：您一直是一位善解人意的母亲，必要时自己还能依靠着您的臂弯，得到保护。

年龄较大的孩子（约五岁以上）已经具备在争论中解决问题的能力，我们可以同他们一起寻找解决方法，这是普遍使用的胜败方法的替代品。因为不存在任何胜败之说，所以这种方法具有决定性的优势。孩子积极参与其中，寻找着解决方法，觉得自己得到了认真对待，为父母所接受，并努力、自愿且独立地遵守着商量好的解决方法。相反，那些看到父母不经讨论直接作出示范的孩子会觉得自己是失败者，对于接受这一解决方法并没有多少热情，反而生出仇恨、报复、反抗、罪恶、无用以及自怜之情。"胜出的"成年人为这一方法付出高额的代价，因为他们为此耗费了大量的时间，并采用抱怨、回忆以及威胁的方式达到目的，也使孩子失去了积极参与解决问题的机会。

☑ 保持言语的前后一致。

☑ 始终给予孩子爱与呵护。

☑ 抱怨和吵闹不是执行孩子意愿的方式。

没有失败者的冲突

如果您和孩子（年龄稍大点）之间有冲突或者觉得他 / 她的某些行为方式有问题，那么应该邀请孩子加入寻找问题解决方法的行动中来。您可以直接跟他 / 她说：

“你那些乱七八糟的事情干扰到我了。”

“你总是穿着脏鞋子在屋子里跑来跑去，这让我十分恼火。”

“我觉得你晚上最好把自行车放进车库里。“

等等。

通过所谓的“我的信息”，最好用语言将问题表达出来。因此，**对于问题的解决，不要采用责骂的方式，而是尽可能选择中立的表达。**

如果我们时常徒劳地辩论这些问题，那么只要孩子已经处于上学的年龄，还是将它以书面的形式记录下来为好。这样，他们便会明白这件事对您的重要性。孩子因自己的行为惹出麻烦，现在他们应当提出消除麻烦的建议。父母也应参与其中，但首先要告知孩子自己的想法。**用书面的方式将这些建议记录下来，接着选出对双方都有利的一条。**

举个例子：您总是会发觉，孩子在睡觉之前没有清洁自己的牙齿。一方面，您其实并不想一直跟在孩子身后提醒或控制他们；另一方面，您更不想孩子忽略自己的牙齿健康。这时候您该怎么办呢？

1. 描述问题：孩子经常不清洁牙齿。
2. 表达信息：“我希望你清洁牙齿，不希望你有蛀牙。”

3. 倾听孩子的话："我们常常很容易忘记清洁牙齿。"

4. 现在需要给出建议："不要忘记清洁牙齿。"

再比如可能会出现以下情况：您想在浴室里贴一张便签的建议被孩子立刻拒绝，因为他们有时会干脆离开浴室。因此，我们可以将便签贴在卧室的门上："清洁牙齿！"年龄稍小点的孩子还不认识字，所以大孩子会读给他/她听。但大孩子会立刻找到更好的解决方法："不，我会在玻璃上画出一支牙刷、一个洗手台和一个孩子，画上的孩子正站在洗手台前刷牙。"他/她立刻投入工作，这幅"艺术品"随后被挂在了卧室的门上——达到了预期的效果。

当你着手解决问题时，便会开始了解孩子的合作性，他们会对问题提出建设性的意见，尤其是您会获悉孩子不会总按成年人意愿行事的原因。您会意识到，在大多数情况下，孩子的所作所为都是有他们的理由的，在当他们意识到父母有需要解决的问题时，会完全愿意摆出姿态去适应。

一位父亲曾向我咨询，他家那对三岁的双胞胎每天晚上都会大跳伦巴舞或桑巴舞。每次父亲都会将孩子们放到床上，然后直接走开，因为他每晚还是很想同妻子单独共处一段时间的。他问我应该怎么办。我耸了耸肩说："我不知道，问你的孩子们去吧！"他看着我，恼火地说："你是说……？""是的，你应该把刚才所说的一切讲给孩子们听，向他们描述你的处境，然后说你现在要读报纸。十分钟后再回来，看他们找到了什么解决方法。"这位父亲听从了我的建议，向家里那对双胞胎寻求了帮助。孩子们想出的解决方法清晰又简单：如果他俩在约定的时间后不能保持安静的话，双胞胎中的一个提出，那么父亲这时可以关掉录音机。另一个说："我会交出自己最喜欢的娃娃。"孩子们对自己作出了制裁。您觉得这个结果怎么样？父亲事后自豪地告诉我，他从未实行过制裁，孩子们完全遵守着这些规定。父亲从未想过，这么小的孩子已经能如此地克制自己。

没有界限

当一个四岁的孩子在客厅里脱裤子时，当一个五岁的男孩拿着父亲最喜爱的花瓶，威胁着要在脚边打碎时，当一个十五岁的少年回家威胁母亲，说如果她交不出钱就要殴打她时，我们应该做些什么呢？上述事件的主人公都是从未或几乎未被设定界限的孩子。从平静、满足且有创造力的孩子的事例中可以看出，他们的父母并无独裁的行为，也未对孩子做出过威胁的手势。尽管这些孩子被设定了严格的界限，但他们在教育中享受到了爱与理解。**如果孩子只是出于恐惧压制而服从命令，那么以这种教育方式为出发点则毫无意义。**

界限给予孩子支持与信心，孩子正寻找着它，想要去亲自体会。他们在找寻的过程中越来越冒险，也越来越大胆，直到最终触碰界限。原则上来说，孩子在未设界限的情况下会非常不悦，因为他们被剥夺了成熟和发展的必要条件，所以年龄越大，孩子承受的心理危机就越多。

引导孩子时，让我们挥手作别剥夺其自由的错误想法。很早让孩子自己进食，让他们阅读自己喜爱的小说，让他们根据自己的判断握住铅笔，如果他们已经探察过周围环境，就让他们走出幼儿围栏的禁锢，等等。因为重要的是给予孩子自由的空间。反之，如果孩子越过自己的空间，踏进我们的地盘，那么我们得向他们讲明，自己愿意接受什么，不愿意接受什么。

动物世界并无二致。每个动物都会标记自己的领地，当界限被逾越时，便会出现两种结果：一是产生冲突或斗争；二是闯入领地的动物得接受当地适用的规则。当孩子闯入我的领地，更确切地说是侵入我的感情生活时，我必须向其阐明自己列出的规则。譬如，当孩子剪烂桌布、涂抹家具、故意弄脏自己、污染地毯、扯掉花园中美丽的花朵、有意跳进菜园、在书上乱涂乱画、辱骂我、挠我或咬我时，只是为了从任意一个长列表中列举一些可能，那么我必须进行干预，向其表明自己并不接受这些行为。

如何设置界限

现在，我该如何设置这些界限呢？怒吼、喊叫、打骂、威胁，或者还有其他可能的办法？上述所有方式均不合适，反而体现了我的无能。当然，所有的教育工作者都有可能在某些时候失去控制，但这只能出现在特殊情况下。

通常，我们应当保持镇定，孩子当然会对弄脏的地毯、剪烂的桌布或扯断的花朵感到惊恐。如果孩子还小，对于自己造成的损害尚未形成完整的意识，那么我便会向他 / 她解释，自己不喜欢以及不愿接受这种行为的原因。哪怕我没有陈述理由，那么他 / 她也会理解我的不悦，并且将不再重蹈覆辙。孩子并不是想惹我生气，一般都是很友好且乐于合作。因此我必须尝试分析他/她的行为，并弄懂他/她犯错的原因。

也许是因为我对孩子关注太少，所以他/她想用行为吸引我的注意。果真如此的话，惩罚孩子毫无用处，因为这样，他/她便会获得通过上述行为激发出的关注。最好的办法是将孩子放在腿上，并给予他/她渴求的关注。即便同普遍的看法有所违背，但这也是唯一有用的反应。孩子因此会再次变得友好且乐于合作，这同样如其所愿获得了关注。另外，孩子还会明白，我不会因为他/她的行为持续发怒，而是愿意深入了解他/她的感受。一个善解人意的孩子，会将这种品质和行为传播到世界上，从而促成更好的理解，为世界增添出更多的爱。他/她学会了宽恕，不会一直寻找并谴责罪魁祸首。

婴儿会听话吗

对于孩子可能在某天长大的事实，我们都感受到了深深的恐惧，尤其是面对婴儿。因此，大多数父母很难尽早地开始训练孩子守规矩。很不幸，这是一种荒唐的谬见。虽然大多数人相信婴儿可以理解自己，但他们的认为总是不那么坚定，私底下也常常对此表示怀疑，这也主要由于婴儿的反应不同于成人。

婴儿开始爬行，征服着周围的世界。他们会做一些不被大人欢迎的事儿。譬如，他们乐于研究栽花的泥土，甚至可能将它塞进嘴中。之所以这样做，可能是因为泥土芬芳的气味，抑或是因为撕扯植物的叶片，再将它们分撒在地上的过程令人开怀。另外，孩子一定会对抽屉或橱柜进行一次浩大的扫荡。这时母亲来到孩子面前，和颜悦色地要求孩子停止自己的“胡作非为”。然而，孩子的行为并未受到干扰，渴望研究事物的欲望反而变得更加强烈。他 / 她十分镇定地继续行动，心中甚至毫无内疚之情。第二次要求时，母亲不再像上次那般冷静，音调更高，十分焦急。她忽略了孩子在第一次被要求时就已经理解了自己，但就某种意义而言，他 / 她并未立刻停止。于是，母亲又提了第三次，第四次，但孩子对此毫不在意，并且满怀兴趣地注视着她。孩子精确地记住了母亲所做的事。她是如何改变音调，如何变得更加严厉，又是如何忧心忡忡起来的。一丝一毫的细节都被他 / 她感知到了：母亲对不听话的孩子发起火来，也许会冲他 / 她吼叫，或者走开，或者打起他 / 她的小手。

“孩子的计算机”（即大脑）完全没能理解这件事情的发生与发展，学到的唯一一件事就是：人在生气时，会自我重复、升高音调、眉头紧锁、表情严肃，并会猛力击打一些东西。总而言之，人们会用武力解决冲突。因为先前缺乏相关的认识，好奇、乐于模仿又听话的孩子会瞬间记住父母的这一表现。

不过，孩子还未学会放弃自己的行为，因为他 / 她的基因领会到探索世界的任务。孩子没有犯错，可是在我们看来，他 / 她却一点也不听话。您在理解孩子探索欲的同时告诉他 / 她：虽然自己懂得他/她现在跃跃欲试的心情，但是对于再次清理乱摊子毫无兴趣。

如果我说出自己的需求和恐惧，而不是一味地纠正孩子，那么他 / 她会理解我的行为，表现出合作的态度，不过条件是我们允许他 / 她实践自己的内心欲望，发现并认识某些新的事物。因此，适合孩子的友爱的教育方式，才能算得上是对孩子真正意义上的帮助和理解。我自己对此也有经验，如果我理解并尝试领会孩子暂时拒绝听话的行为，而不是坚持自己的观点，那么不久他 / 她便会放弃自己的做法，选择投降。

或许，孩子恰好处在需要缓一缓的时候，这样才能对我的要求做出分类。又或许，我以某种形式唤起了孩子的反感，他 / 她需要一些时间来作出决定，自己到底愿不愿意听从我的话。如果我给予孩子时间，那么他 / 她通常会在不久后变得善解人意，再次表现出合作的态度。因为我认为孩子必须立刻听从我的命令，所以我并未给予他 / 她时间，这种做法则会加重孩子的反感情绪，酿成权力斗争。而我呢，在最后也一定会败给孩子。

如果我在此刻凭借优势和权力，将自己的意愿强加给孩子，那么日后我也会丢失自我。这是因为，我曾向孩子表明：胜者才能拥有权力。他 / 她深受这一信息的影响，日后在类似的情况下也会故伎重演。这种情形被他 / 她记住得越多，他 / 她越会坚信它的正确性，并一生遵循于此。

如果我给予孩子一些时间并选择等待，再次重复自己的要求，或者通过另外一种诙谐幽默、适合孩子、吸引人的方式进行替代，那么孩子在作出基本的思考后，会表示同意。这样一来，孩子并未被逼迫着听话，而是明白我们会给他 / 她时间，也就对这种情况和自己的想法了然于心。

重要的是让孩子，特别是幼儿独立作出决定，决定自己是否听从父母的命令，且以何种方式来听从。正如我已经强调的那样，这得符合孩子的利益。如果他 / 她并未这样做，要么是有他 / 她自己的理由，要么就是我们唤起了他/她的反感。我们应当尽可能尝试，让孩子意愿履行我们的要求，无须施加压力和威胁。这样他 / 她能学会自己判断，尊敬并重视自己以及周围的人。孩子认识到自己是一个虽小却很重要的人，我们会认真对待这个人，尊重他／她的感情。

因为恐吓或措施的执行会使孩子产生压迫感，所以我们应该坚持的原则是，由孩子自愿认识这些规则并判断它们的对错。我在二女儿米歇尔四岁大的时候，曾恳求她收拾桌子。然而，她并未过来。我既没发火，也没重复地在厨房里叫着："我已经在这里忙了一个小时，而你却懒到不想收拾桌子！"这句话轻蔑味十足，可能会致使我自己沦为牺牲品，也会使孩子变成真正的始作俑者。这样，孩子什么也不会做——甚至连桌子也不收拾了。同时我自己也会成为半个始作俑者。而有的母亲会做出更糟糕的行为，即实施体罚，给孩子一个耳光。这样，母亲自己便成了那个始作俑者。同时，她也会因这样的行为而倍感内疚。不过，这种深受自怜影响的模式在教育中经常被使用。孩子很有可能不会因为您的威胁过来。您应该对自己拥有这样一个无比正常的孩子而感到庆幸，因为整个世界都在关注上述的这种行为。作为一个同样正常的母亲，我当然希望孩子可以收拾桌子。因此要做些什么呢？又该如何向孩子表明，收拾桌子是一项有意义的行动呢？于是，我煮好饭摆好桌子，却没有给米歇尔放盘子。然后我才开始招呼大家吃饭。全家人都过来了，米歇尔十分震惊地坐在自己的位子上（毫不内疚），面前一个盘子也没有。她这才疑惑地看向我。我打量了一下她，说道："噢，你是想吃中饭吗？我叫你的时候，你没过来。于是我想，米歇尔一定不饿，所以才没过来的。那我马上给你拿个盘子吧！"这件事令米歇尔深受触动，学习过程非常持久。这是因为整件事的思维过程是合乎逻辑的："噢，如果我不收拾桌子，母亲便会以为我不想吃饭。如果我饿了的话，那么最好先去收拾桌子。"

不用在婴儿身上设定界限

> 婴儿最不需要的就是界限。他／她在信任父母的过程中得到成长，并最终获得安全感。他/她会明白，爱的纽带是牢固且结实的，它将恒久不变，因此婴儿会同父母建立一种坚不可摧的联系。这种联系是对共同生活归属感的情感体验。据证实，婴儿与父母之间所建立的这种牢固、可靠的联系，会让他／她到三岁时变得更独立、更自主、更自信、更聪明。

婴儿在三到四个月大时，父母所给予的很多积极的回馈会稳定下来，同时衍生出一种牢固的联系，因此，婴儿对于父母的可靠性也不再会产生怀疑。从那时起，我们也可以让婴儿开始产生一定的失落感，确切地说，可以尽可能毫无内疚地对婴儿开始进行苛求，不再完全顺应他们。我们可以采取如下行动：如果我们没有立刻对婴儿的进食需求作出反应，那么就等于是要求婴儿必须等几分钟才能进食。

为了让孩子变得听话，印第安部族的人会使用一种可能的方法，那就是忽视孩子。不过，这同剥夺其被爱的权利有所不同。一直努力要求关注并不遗余力行动的孩子会立刻察觉：自己的行为是导致被忽视的罪魁祸首。因为负面的关注（例如责骂或警告）也是关注，对于孩子行为的改变没有任何作用，因此，即便您吼叫、进行惩罚或是说教，都会给予孩子大量的关注，会加剧他／她的错误行为。反之，不加评论地忽视孩子的不被允许的行为，让自己变得忙碌起来，那么这个信息会被孩子立刻评判为一种信号：他／她的行为并不为人苟同，人们会因此忽视或轻视他 / 她。所以，孩子也会对此作出改变。

如果孩子掐疼您的脸颊或是拽痛您的头发，那么上述方法同样起效。您可能早已苦口婆心地说过上百次，这么做会弄疼您，您并不希望如此，却毫无作用。孩子会愈加得逞，嬉皮笑脸地作出回应，这种态度又一次地刺激到您。让我们以孩子的角度来看待这一情况。他 / 她的行为导致您的反应，这种紧张的反应很有趣，孩子变得好奇起来，想要对此进行更多的了解。由于年龄以及经历的限制，他 / 她仍然无法体会您的感受，所以他 / 她不会为此改变自己的行为。孩子首先注意到的是他 / 她自己以及自己的兴趣、好奇心。假设您正戴着眼镜（也可以是太阳镜），婴儿对此着迷起来。您担心起自己的眼镜，不想在孩子手上结束它的生命，这样的担心完全有道理！您试着通过“慢着”“停下”“我可不想这样”或另外的话让孩子明白您的意思。不过，避免在说话时出现冗长的句子、表述和解释。我们不必总是穷究细节，尤其是在婴儿身上更不该如此。短小精悍的指示效果会更好，也许一句清晰的“嘘——”就已足够了。您不能等着孩子自己放开眼镜。他 / 她会专心地打量您一会儿，甚至笑起来（孩子这样做是为了使您高兴起来，和反射神经元也有关系），这样便能再次达成自己的“诡计”。您的孩子并不听话，但他 / 她是发展正常的孩子，因为所有的婴儿都会不分青红皂白地直接行动。拥有这样一个正常的孩子，您应该感到高兴。但不同肤色的人之间存在的差异很大。白人父母常常觉得自己必须进行重复(因为他们很坚定地认为孩子在第一次时不会听话），于是他们加大嗓门，开始责骂、处罚、殴打孩子，或者又完全束手无策。这些父母被告知，不要重复刚才的行为，因为孩子学得很快。您应该不必再讲一些冗长的道理，而是迅速地将孩子放在地上，不过，表情得亲切、温柔。现在，他 / 她坐在地上，再也不能伤害到您的眼镜了。自然，孩子对于自己位置的改变满心不悦，扯着嗓子大叫起来。他 / 她并未受到委屈，只是在发泄自己失望的情绪，所以最好不要再和他 / 她说些什么，或是和他 / 她有所交流。您可以转过身去，独自哼唱一首小曲（以此表现您冷静的态度），或者去忙自己的事吧。也就是说，您得忽略孩子和他 / 她发出的叫声。

如果孩子在第二次被抱时再次摘走了您的眼镜，那么您应该立即将他 / 她重新放在地上，不做任何解释。第三次时孩子便会完全明白这个道理。您从他 / 她的表情中就可以读出，孩子可能记起了前两次的情况，因为他 / 她不想被放在地上，所以快速地把手收了回来。

这一策略叫作**“忽视”**，用在幼儿身上，效果十分明显。因此，**当孩子做出不受欢迎的举动时，您应当尽可能地选择忽视，这会激发他 / 她的冲动和学习热情。根据您的态度，孩子会将刚才的行为评判为失败之举，不会再进行重复。**这一策略同孩子天生的发展力相契合，相较于言语上的命令要更有效、更成功。这并不是说您不该告诉孩子他 / 她弄疼了您或者您对他 / 她有所期望等，关键是，您不该不停地进行重复。对于这个年龄的孩子来说，父母的行动比言语更有意义。您首先不要发出任何冗长的议论，因为幼儿还不能理解详尽的话语。因此，对他 / 她来说，说教者完全是在对牛弹琴（对于稍大点的孩子亦是如此：训诫并不是合适的教育方法）。

孩子通过行动和反应明白了发生的情况，自愿决定放弃自己的行动，因为他 / 她不想再被放在地上。道理非常简单，其中至关重要的是：放弃自己的行动是他 / 她自愿的选择，并不是因为受到惩罚或责骂而被迫作出的决定。

想要教育困倦不堪的孩子是十分吃力的。这里有两大盲区需要避免：

1. 同困倦的孩子参与权力的游戏；

2. 想要全面演练各项教育规则，不仅会徒劳无功，而且毫无用处，只会让您和孩子筋疲力尽。您得用最简单、最迅速的方法得到孩子的同意，那就是哄他/她入睡。此刻，孩子所需要的只有睡眠，醒来后看到的世界又是另一番样子。

明辨信号，解释信号

当婴儿和幼儿想要或拒绝某样东西时，他们会明确地表示出来。遗憾的是，大人常常会对此作出错误的反应。这是因为，在大多数情况下，大人都想为大人选择自认为正确的路，却往往适得其反。举例来说吧，大人在用小勺子给婴儿喂食时，婴儿会扭过头去。于是，大人误解了这一信号。大多数家长不能正确推测出孩子真实的意思“我现在不想吃了”，而是试图继续喂食。婴儿的反应愈加明显：他/她拍掉了勺子。父母却一再地将它重新递过去，继续喂食。孩子对自己的需求心知肚明，他/她知道自己什么时候会饱，在他/她学会更精确的表达之前，只会用扭头这一动作传达自己的意思。您最好在其第一次扭头时就明白其中的含义：

“哦，我明白了，你已经饱了，对不对？”

以疑问的形式将这句话表达出来，同时使用探究式的眼光询问孩子。如果他/她的表情和肢体都没有拒绝的意思，那么答案便是肯定的。这样，您再收走盘子。孩子很幸运，因为您将他 / 她的信号读懂、辨识并直接地反映出来了。他 / 她感觉您认真对待了自己，并给予了他 / 她尊重。我们难道不是一样的吗？如果您解释自己已经饱了，别人却仍给您盛了一大盘食物，那么您会高兴吗？

孩子自己吃饭时，情况亦是如此。一旦他 / 她用小勺子在粥中胡乱地搅动，或者开始玩食物的话，您就应该直接对他 / 她说：

“啊，我知道了，你已经饱啦！但是你知道吗，我们是不可以玩食物的。”

说完拿起盘子，将它放在一边。这再次告诉孩子：“当我开始糟蹋食物时，父母便会知道我已经饱了。”如果孩子仍有饿意，那么他 / 她会一直等到真正饱了，再糟蹋食物。

我在自己的培训班里常常见到这样的婴儿或幼儿，他们会坐在活动桌上乱扔玩具，母亲一般会走过去将玩具捡起来。在这些情况下，父母会忽视一点：孩子并不是偶然将玩具扔掉的，而是故意在做这件事儿。为什么会这样呢？如果父母能对此产生疑问就很好，因为这样才能正确地感知孩子，认真地对待孩子。孩子之所以这样做，可能是因为在这一刻感到愤怒、失望、恼火或厌恶。也许，捡起玩具很容易转移孩子的注意力，但这样的话，您便是承认了他 / 她的感情——无须内疚，不必觉得自己得做些什么。您不必捡起玩具，因为下一刻它们还是会掉在地上。最主要的，是让孩子对自己的行为负责。他 / 她会明白：“如果我往下扔东西，那么没人会捡它。”因此，这件事也涉及行动和反应之间的关系。较之言语，孩子通过行动能更快、更久地懂得道理。

父母往往不会给予孩子“好好”表现的机会，所以他们会自我重复。举个例子：母亲和孩子在培训课结束后想要离开，她要求孩子穿上鞋子，如果孩子并未听从命令穿鞋子，他 / 她便会感知到自己内在的力量并加以利用。这时，他 / 她的“叛逆”会得到母亲全部的关注。母亲不想被他 / 她控制，于是耐心地要求孩子把鞋穿上。这是个具有重复性的游戏，会永不停歇地继续下去。如果母亲日后再让孩子穿鞋，他 / 她可能会更机敏地应对。所以，如果孩子并未听从命令，那么母亲完全不用指责或感到失望（因为您知道孩子会同您杠上！），她可以淡定地说：

“哦，我知道了，你大概想待在这儿吧。那么，再见喽。”

然后走向出口那里。接下来的一幕会令您瞠目结舌，孩子会以史上最快的速度穿好鞋子。

另一个例子涉及汽车座椅：孩子并不想坐在汽车座椅上。虽然您有机会使用权力，但这会唤起孩子无限的反抗，也会令您自己焦头烂额。不过，您也绝不能屈服于此，任孩子无拘无束地坐在后座上，因为这样也是特别危险的。除此之外，还应该避免的一种做法是向他 / 她解释和说明现在必须做什么，而是应该直截了当地对他 / 她说：

“啊，我懂了，你更想坐在这里。”

接着抱起孩子，带其回到住处（如果他还不会走路）或是将其放在车的一边，自己上车握住方向盘，发动引擎，开出几米远。以上做法均视孩子的年龄和行为而定。将车开得足够远，直到您察觉孩子愿意合作。不过，需要注意的是，您的所作所为不能引发孩子的恐惧感或失望感。

孩子应当明白，自己没有权利对您发号施令，他 / 她得学会接受您的引导，自己进行仿效，而不是反过来。您的表情中并未带有责怪的意味，眼神中也未带惩罚，而是以爱行事，满脸笑靥，因为这是您在这一刻能做到的最自然、最正确的事儿了。

- ☑ 认清症状特征：行动——反应。
- ☑ 立刻行动，而非等待更好的结果。
- ☑ 抵制住总是继续给予孩子机会的欲望。
- ☑ 学会解释孩子的信号。
- ☑ 不要重复愿望和警告。
- ☑ 尽可能保持好心情。
- ☑ 引导孩子去效仿。

不必惩罚

当孩子到了可以搞破坏的年龄时，我们应当和他 / 她一起找寻解决方法。您可以利用自己做父母的优势，简单地说出一种惩罚。从取消睡前故事，到扣除零用钱，再到撤除许诺过的娱乐活动，比如洗澡、去游乐场、看电视等，都可以作为惩罚。**惩罚必须直接地表达出来，并且要同孩子的“违法行为”相称（惩罚强度要视情况而定）。孩子必须明白，他 / 她的行为引发了父母的制裁。**

不过，同孩子一起讨论他 / 她的“违法行为”是比惩罚更有效的方法。我们应当向孩子表明，他 / 她的行为会令他人苦恼、忧虑，然后鼓励孩子对此作出弥补。如果有可能，他 / 她应当自己提出建议——如何作出修正及给出弥补方案。父母可以根据孩子的年龄，在孩子的建议上提供完善方法。如果有可能，我们应当保留自己的建议，无论如何，首先得注意孩子的想法。他 / 她也可以重新进行自我评估，孩子想要回到原来生活状态中的愿望不容轻视或者忽视。

经研究显示，**惩罚从教育学角度来看毫无价值**。严重的惩罚会磨灭孩子的意志，孩子会试图逃避结果，选择放弃，进而发展为激烈的攻击，容易重复错误的行为。轻微的惩罚也难以达成改善的效果，正如托马斯·戈登在其《新式家庭会议》一书中写的那样："1986年的一项研究可以证明轻微惩罚的失败之处。该项研究由心理学家托马斯 · 鲍尔和 M. 林恩 · 夏丕斯基主持进行，他们观察了 16 名十四个月大的婴儿同母亲做游戏的情形，并将整个过程记录下来。研究发现，每名婴儿都喜欢抓取物件，而母亲们则会尝试性地作出限制。在转移孩子注意力失败之后，在长短不一的时间里，母亲对婴儿身体进行纪律化处理（轻拍手背）和肢体惩罚，但都没有获得成功。受罚的婴儿变得更容易抓取易碎物品，越来越忍受不了母亲的限制。在七个月后的发展测试中，与未受罚（或者几乎未受罚）的孩子相比，这些受到惩罚的孩子的情况要糟糕得多。"

如果孩子挑衅我们，比如在墙上乱涂乱画，那么我们应该问自己，孩子是否得到了必要的信任，他 / 她的需求又是否得到了充分的满足。不要让孩子感到生气和愤怒，父母应该以更为积极的方式对待他 / 她，让他 / 她明白，虽然父母干扰到了他 / 她的行为，但依然深深地爱着他 / 她。较之惩罚，这样的处理方式要好得多。同暴躁、排斥、痛苦或惩处的回应相比，如果我们现在用十分细心、温柔友爱的方式对待孩子，将他 / 她抱在怀里，轻轻抚摸，那么这些举动对孩子来说要受用得多。错误的行为会加剧冲突，孩子的行为不会因此得到改善，反而糟糕了许多。这些糟糕的行为表明孩子正处于精神危机之中，急需他人的帮助。所以，我们应该学会原谅，战胜自己的本能反应，接受孩子本来的样子。这样，他/她才能自己找到回归内心的路。

我相信，孩子本身没有恶念，只是被不利于他/她发展的、恶劣的环境扭曲了心灵。我们不要忘记：**榜样的作用以及宽容的态度胜过千言万语。**

奖励：一种糟糕的方法

奖励几乎同惩罚一样成为问题。倘若您并未使用或者几乎不会使用任何惩罚，那么从另一方面来说，也应当放弃对孩子的奖励。

大多数家长一开始会惊讶地接受这种想法，因为在我们的社会，奖励是一种公认的促使孩子纪律化的方法。它的目的在于，激励孩子有“更好的”行为。这意味着，我们认为孩子与生俱来的行为是可以改进的。于是，我们假定孩子不能尽全力做事，开始用承诺和奖励引诱他们。这便破坏了孩子固有的向善动力，获取幸福的能力也遭到影响。这是因为，我们只是从自己的角度行事。大家仔细想想，在生活或者工作中，如果我们达到了自己设立的目标，那么便会油然生出一种愉悦感，继而释放出幸福的荷尔蒙。所以，我们应当始终坚定想法，认为孩子和我们一样，也是可以尽全力做事，从而从中获得成就感的。相应的，良好、适当的行为原本就是常规，不应该得到特别的奖励。

一旦孩子表现好，我们便给予奖励，这种做法会导致两种后果：第一，孩子会利用我们得到奖励，开始学会用高压手段来勒索我们。当他 / 她发现我们会给予他 / 她奖励时，之后若是索取不到奖励便会耍赖，什么都不去做了。第二，如果我们有一次不给奖励，那么便会同惩罚一样造成不利的影响。因此，有奖便有惩，有惩亦有奖，二者密不可分，所以最好不要轻易使用其中任何一种。

9.2 威　　胁

同惩罚和奖励一样，在教育中，威胁也是一种极受父母欢迎的强制手段。在我们的文化中，完全不使用威胁手段来教育孩子，极有可能徒劳无功，但涉及威胁这一手段，父母可得省着点用，甚至可以说，威胁完全不适用于孩子。母亲有时会对孩子说："如果你现在好好玩，那我之后会给你一块巧克力。"更糟的说法是："如果你现在不好好玩，不让妈妈安静工作，那你之后就得不到巧克力了。"

玩具可以给孩子带来快乐，唤起他 / 她的兴趣或好奇心，鼓励他 / 她去玩耍，所以孩子可能会玩得很开心。他 / 她用玩具做起了试验，看看可以做些什么。**好奇心和兴趣是促使孩子玩耍的两大要素。**同其他活动一样，玩耍也可以认识世界、理解世界。因为我们需要安静的环境而去对孩子作出要求，这便造成孩子反倒没法好好玩耍。孩子越是察觉到我们想要在此刻同他 / 她保持距离，便会越多次地试图靠近我们。因为他 / 她不知所措，所以想要确保我们是愿意和他 / 她待在一起的，是爱他 / 她的。

如果需要安静的时间，我们可以尝试唤起孩子对玩具的兴趣，并想办法让他 / 她在那上面多待一会儿。对游戏来说，设置奖惩毫无意义可言，因为孩子玩游戏既不会让我们开心，也不会使我们生气。做游戏是孩子的基本需求，可以说，他 / 她是通过游戏了解生活。一场游戏捕获了他 / 她的芳心，孩子沉溺其中，可以玩很久。不同于我们，他 / 她的玩耍并不是为了消磨时间。我因此断定，孩子的所作所为全由内心驱使，威胁毫无意义。孩子不能理解这些威胁，很难服从这些威胁，因此使用威胁手段只会产生不良后果。**最糟糕的是，孩子会将威胁理解为满足个人需求、控制他人的一种可能。**上文提到有的孩子会欺负他人，这一切都是从成人身上学来的。

威胁的替代品：从结果中学习

当人们进行威胁时，必须具备将其付诸实践的能力。当我威胁孩子，要将他 / 她锁进地下室时，如果事先知道自己绝不会付诸行动，那么此次的威胁便是一件毫无意义的事儿，甚至十分愚蠢。不久后，孩子便会察觉到我过于夸张的威胁，而且并不会将其付诸行动。这样，孩子便会觉得我不再值得信赖，丢弃了对我的崇敬之心，明白我不会言出必行。我成了糟糕的模板，这个小人儿绝不会再以我为标杆了。

而当我尽可能少地作出威胁，寻求其他途径让孩子听从自己时，效果便会好得多。

让我们来谈一谈“整理”。这个话题总是会招来父母的怒气。孩子不愿意整理东西，而父母呢，一方面烦透了自己亲自整理东西，另一方面，他们也不愿看到玩具被摆得乱七八糟。所以，他们得常常面对这种乱糟糟的环境。

在这种情况下，我会给孩子提供两种选择：如果他 / 她在自己的房间玩耍，那么不允许他 / 她将玩具带出房间，打扫房间时必须将玩具整理干净；如果他 / 她想在我身边玩耍，那么到了晚上，他 / 她就必须自己整理玩具。我会在孩子整理时提供帮助，发明个小游戏进行引导，这样整理便不再是个难题。如果我不想帮孩子整理，并意识到他 / 她已经到了独立做事的年龄，我便会向他 / 她解释：我希望你自己整理玩具。倘若他 / 她并未行动，而是交由我来整理，那么我便会将讲述睡前故事、做游戏或唱歌的时间废除。请您挑选出几条每日道晚安的规定，需要注意的是，这几条规定要以适合为原则。这样，孩子便能有所准备，决定出自己更想要的那一条。

如果他 / 她现在不想整理，那么请您忍住说“大话”的冲动，同时避免催促，不要吵闹，不要企图冒险发动“暴行”。孩子会在道晚安前后非常清楚地作出决定。这样，如果您保持镇定，并未发表长篇大论来指责他 / 她，而是安静、坚定地将孩子带到床上，便是作出了正确的反应。

孩子可能会进行反抗。这时您得保持安静了，不要参与任何讨论。因为孩子事先已经作出了决定，所以他得接受这个结果。不过，请您允许他 / 她哭泣，给予其发泄失望与怒气的机会，以此得到喘息。您不要为这些情绪所左右，否则将得不偿失。**当孩子注意到您的坚定，做事向来言出必行，那么他 / 她会对您更尊敬。孩子有意识地寻求着界限，因为您果断地设定了界限，所以他 / 她会对你表示感谢，并言听计从。**

此外，您必须给予孩子吵闹、哭泣以及叫嚷的时间。请您尽可能从容地接受这些反应，因为孩子必须将他 / 她的“失意之情”表达出来。这种情绪爆发既非针对您，也非针对他 / 她自己。孩子需要一个类似于阀门的东西，以便可以处理自己的情绪。请您允许孩子出现情绪爆发的情况，并通过不同的处理方法来减缓这种爆发所带来的痛苦。您可以抱住孩子，安慰他 / 她失望的心情。见此情景，您可能会心生愧疚，不过请您千万不要收回自己的命令。其实在孩子的眼中，您并不算是严厉的人，而是在他 / 她需要的这一时刻，成为他 / 她慈爱的母亲（或父亲）。当下一个夜晚，再一次涉及“整理”的话题时，您将收获理想的成果。关于这一话题的建议，您可以在我的另一本书——《权力不能承受之重》中找到答案。

记下您的表现：结果便会一清二楚

我总是会收到如下信件。下面为读者摘录一则例子，明确解释当今父母主要犯了哪些错误。

现在，我再次想要寻求您的帮助。我读过您所有的书，并在各个方面分享着您的观点，其中《您的宝贝棒棒哒》对我影响最深。该书笔触细腻，充满爱与关怀，当时还是个年轻母亲的我从中受益颇多。现在我的儿子已经快四岁了。

每天晚上，我的孩子无论如何都会上演一场闹剧，今天晚上尤其让我气得发疯。在他看完自己最爱的节目之后，我们都会去房间里换衣服。这时，表演便开始了。他开始玩其他东西，趴在地上浪费时间。威逼利诱之后，他才肯换衣服。然后我们开始洗漱，待到刷牙时，他又会捣乱吐出牙膏，接着在浴缸里挥舞敲击着自己的木剑，乱说着一些故事。当我打断他的话并因这些行为训斥他时，他会指责我没有让他把话说完。我尝试过和他解释，但均徒劳无功。洗好之后，我和他躺在床上，还会阅读一本童话书，这时他向我描述自己的一天：他被一个孩子推倒，摔倒了。于是，他哭了起来，老师非但没有安慰他，还叫他“爱哭鬼”。说着说着，他觉得我又没让他把话说完，于是变得倔强起来，把毛绒玩具从床上丢了出去，侧身背对着我。我受够了他的态度，便离开了房间。孩子因为害怕，跟在我后边一个劲儿地哭，我和他讲话，告诉他不是这样的。那时他又开始争辩起来，一直一直吵闹，停不下来。我非常生气，生自己的气，生老师的气，以至于更加坚决地将又在嬉闹的孩子放到床上。他哭得更凶了，叫嚷着“我又做了什么”。我对他说“应当住口，保持安静”，说完我也哭了起来，我本不是这样狠毒的母亲啊……现在，我呆坐在桌前，不知所措，害怕会旧事重现。我和孩子每天只能见几个钟头，多想他能同我度过一个美好的夜晚啊，多想做到心平气和啊！我绝不想重复今晚的经历，并希望能再次得到您的援助。我应当在孩子玩耍的同时带他睡觉吗？

他晚上不应当玩耍吗？

我应该和他睡在另一间没有玩具的房间吗？

如若回信施援，必将感激不尽。

向您致以最诚挚的问候

K. B

请您扪心自问：您是想保护孩子免受任何挑战、阻拦、任务、责任，还是想让他 / 她因生活而变得强大？孩子还必须明白一个道理：生活就是有舍有得的。他 / 她会受到任务和责任的影响，这很正常，也符合生理构造。如果我只想过得舒服，那么或许就不该起身，不去工作，不做午饭，等等。

尽管您给予了孩子爱与理解，但他 / 她仍需要引导。孩子想要一个完全明确的范围，父母必须对此作出记号。**单纯满足需求是不会实现目标的！**我这才明白自己常常受到误解。我要直言不讳地在此阐明，单纯的需求满足只会持续极短的时间，主要集中在孩子出生后的头三个月。这段时间足够使得孩子获得对于自己、母亲和世界的信任感。孩子越活泼，单纯的需求满足就会越产生强烈的幕后影响，而他 / 她必须经受失望，学会适应和服从。

对大多数类似的教育错误来说，这封摘录的信件很具有代表性。我时常在实践中看到相似的例子，因此我想要直言不讳地再次提到一些事情：孩子需要支持与引导！他 / 她必须学会服从，伙伴式的教育是不起作用的。“孩子的仿效意愿”之所以被列为本书第六章的标题，并不是毫无缘由的。只有关爱是不起作用的。只有婴儿才需要全方位的照料、永恒的关心和完全的需求满足。早在三个月大时，婴儿便已经可以忍受轻微的失望感，以至于我们不久后已经不用再小心翼翼，开始逐渐忽视自己某些不受欢迎的行为方式。年龄稍大的孩子则会将这些牢记于心，并成功地习得。当通过喊叫可以达成目的时，孩子便会将其作为一种手段来使用，这意味着我们要明确地区别：**对于婴儿的哭闹，我们要立刻作出反应，而对于稍大点的孩子的哭闹，则要渐渐忽略。**这是一个持续的过程，会在出生后的第三个月开始。我们甚至不能告诉他 / 她应当停止喊叫，因为这表示他 / 她已经因此引起我们的注意了。我们最好立刻掉头走开，将自己的脸和注意力转向其他地方。从出生后的第九个月起便可以这样做了，因为那时，孩子已经可以用不同于喊叫的方法来表达自己了。您保持着完全中立的态度，不用摆出凶狠的表情，也无须表现出一丁点儿的爱意。因为这与您无关。您立刻对孩子发出拒绝的信号，这时，肢体语言要比说话清楚千倍多，因为当您在说话时，孩子首先学到的是语言表达，而非行为方式。这样，您的效率也会提高很多。孩子应该学会停止喊叫，用其他的方法来表达自己，当我们不再对其喊叫作出反应时，他 / 她便会立刻另寻他法。当一个计策不再起作用时，孩子便会采用新的方法。就这一点而言，孩子比家长要机智得多，学习能力也更强。我常听见家长这样说："我告诉他/她多少次了，可他/她就是不听啊！"我答道："是您说的次数太多了。如果一些话不起作用，重复起来也麻烦，您就应当另寻他法了。"

从现在起，对于赞同的行为我们会给予关注，相反便会忽略过去。新西兰的一位女教师做了这样一件事：她在课堂上告诉孩子们，想要发言就应举手。可孩子们到了发言时，还是喋喋不休地说个不停。不过，其中有两个孩子听了老师的话，举起了手。老师并没有对大多数孩子的行为表示不满，而是亲切地看着这两个举起手的孩子，说："太棒了，你们听了老师的话，举手回答问题。过来，说说你们的答案。"其他的孩子听到她对举手回答行为的评价，到了下次发言时，几乎每一个都举起手来。

回到上文的那封信上，之所以发生这一切，是因为孩子完全将母亲"玩弄"于股掌之间。如果母亲没有按他/她所想的去做，他/她甚至会让其怀有负罪感。母亲所有的一切都是为了孩子着想，但没有达到目的。孩子一定要按母亲的指令行事，而不是反其道而行之。这位母亲想要的只是一种充满爱的和谐关系。她担心如果没有保护好孩子，孩子便可能会受到伤害。但是生活并不总会尽如人意，而是常常由斗争、争论、压抑、顺从、理解、爱等共同组成。外部的世界并没有为孩子铺起一条红地毯，您的任务就是使孩子对这个世界有所准备。最后便是自我调整的问题了，孩子要学会掌控自己的需求、愿望以及情绪，这也意味着要注意他人的需求、愿望以及情绪，并找到其中的平衡点。无限制的需求满足导致孩子今后担上了"自以为是"的骂名，这是因为很多父母在其婴儿时期并未作出限制，没有加以引导，无法提供孩子确定的范围。于是，双方的地位发生了变化：孩子变成了引导人，不再遵守规则。这是因为孩子察觉不到对错，于是发生了比父母控制孩子更糟的事——孩子控制起父母来。

写这封信的母亲还必须做些什么呢？我建议她同孩子一起坐下来，拿出一张纸，然后告诉孩子，自己整晚都是在生气与反思中度过的。用笔写下自己的感情，这唤起了母亲自己的负罪感。如果孩子真正令她伤心了，她也必须自己承受，因为孩子的行为很普遍，作为父母，我们应该预料到孩子的这种反应。母亲在纸上画上一个悲伤的脸，问道："我们现在得做些什么才能使它再次绽放微笑呢？"并在纸上画出一副笑脸，疑惑地看着孩子。孩子或许会不知所措地盯着她，但母亲会给予他思考的时间，同时问道："嗯，看上去很难啊，是不是？"她不会立即给出解决方法，而是继续考察孩子，看他 / 她能不能自己给出建议，然后才说："我想，我知道咱们应该怎么做了。"接着制订出一项计划，关于如何遵守晚间规定的计划：做些什么，何时以及如何去做。她用图画在纸上将规定记录下来，此外还可以再添上些什么，并告诉孩子上边的内容。孩子会立刻对所写所画的内容产生兴趣。母亲继续问道："我们应该这样做吗？"孩子会表示同意。因为她用这种方式向孩子伸出了橄榄枝，以一种效果极好却不专制的行为引导着孩子，明确且坚定。母亲让孩子明白自己并不是说着玩玩的。

最后，她可以说："现在我很高兴，我们做得超级棒！不过还得再写上点什么。"她给指尖抹上一点颜色并在纸上按上一个指印，孩子也跟着做了一样的事。这样，两人便给这张纸以及上边的内容赋予了更多的分量，就像是一枚具备了约束力的印记，它被挂在了一个显眼的地方。今后上床睡觉时，母亲便能如字面上约定的那样，一步步地采取行动。效果立竿见影！如果孩子未遵守协议，母亲便应停止自己当下所做的事，不去关注和照料他，无视孩子——但无须每次都怀有负罪感。这是因为，孩子可以自己作出决定，一旦遵守协议，自己便会得到关注。忽视和毫无爱意没有任何关系，毕竟母亲会永远爱着自己的孩子。如果她对孩子的行为表示不同意，便会立刻发出信号，那么孩子会立刻作出反应。这有助于孩子在日后学会服从和顺应。

涉及老师在推搡事件上的反应，父母想要同这位女老师谈一谈，他们认为老师在这件事上有失偏颇，所以首先会责怪起这位从事教育的职业女性。父母觉得有责任让孩子避开每一次挫败，然而在我眼中，孩子间的推搡十分正常，这是一种典型的儿童行为。父母应当进行一些自我调整，这一观点也许同样适用于这位女老师——她似乎没有理由去进行干涉或承担些什么，但对于“爱哭鬼”这个词的使用也是不恰当的。或许，她对于类似的吵闹已经屡见不鲜了。

- ☑ 关注受欢迎的表现。
- ☑ 忽略不受欢迎的表现。
- ☑ 温柔地立下界限——一个明显的规定。

9.3 如何设置界限：入睡问题

在七到九个月期间，我们可以开始为孩子设置轻微的界限。在此，我要列举一个典型的例子，它大致发生在孩子十个月大时，给很多家庭造成了麻烦。我们常常认为，这个年龄的孩子不想独自入睡，于是母亲便会躺在一边。但是，她很难想到，当孩子睡觉时，自己的起身会对孩子的睡眠造成不适。孩子被母亲的起身惊醒，于是母亲又躺了下来。这样孩子便会产生误解：自己离了母亲便无法独自入睡。当孩子极度需要她时，母亲会毫无保留地献出自己的爱。

随着时间的推移，母亲才意识到这样的场景并非只是偶然发生，而是会在未来漫长的日子里持续发生，且持续的时间要比想象的更长，程度更激烈。多少次，母亲因为日间工作繁忙而筋疲力尽，睡倒在孩子身边，直到丈夫回家时，体贴而小心翼翼地将她从孩子的床上抱起来，这一切才会结束。

情况会变得越来越不妙：父母感觉自己失去了晚间时光，每一个夜晚只有孩子是开心的。**父母必须明白自己也是有需求需要被满足，经过疲惫的一天，他们也有权享受片刻的安闲。**

我们得让孩子明白，必须保持上床睡觉的既定节奏，遵守每晚到点就睡的睡眠习惯。如果孩子躺在床上，再次向母亲提出需要陪伴的要求，母亲可以走过去让他 / 她明白，自己已经将他 / 她放在床上，他 / 她现在应当做的就是保持安静。同时，她还得向孩子说明，自己并不想在他 / 她身边待太长时间。

这时，卧室的门应当保持在敞开的状态，不应让孩子产生排斥感或禁锢感。最好温柔地告知孩子，但语气一定要坚决。可以安静

地轻抚他 / 她几下，温柔地同他 / 她待上一小会儿。这只是一次单纯的离开，千万不要让孩子认为母亲的离开是因为自己做了让人生气的事情。他 / 她要做的，就是认识并尊重父母的需求。

乍一看，孩子极有可能不满意这套说辞，并试图反抗。在这些时刻，我们应当冷静地让孩子发泄一会儿。十分钟后，再心平气和地走过去安慰孩子。不要有任何指责，孩子现在需要的是我们的鼓励和安慰。稍后，我们可以再一次告诉他 / 她，自己现在不想在这里待下去，然后对他 / 她进行一定的安抚之后，我们便可以再次离开房间。这种做法足以使孩子明白：他 / 她可以去睡觉了。

在极少数的情况下，如果先前的做法根深蒂固，已对孩子产生了深远的影响，那么孩子便须得到再一次的重复。您所要做的，就是相信自己的所作所为，保持态度上的坚定。这是因为孩子能很快察觉到您的犹豫，他 / 她将厚着脸皮进一步提出要求。**对于孩子来说，感知、接受并尊重母亲或父亲的需求也很重要。**察觉到父母不同的个性，了解到他们不会永远满足自己的要求和需求，对于孩子进一步的发展意义重大。

对这个问题抱怨的话，会对家庭和睦造成影响。如果我们和母亲谈论感受，必定会引起她的烦恼，对孩子的这种表现非常抵触。真的需要做点什么来改变了。

为何孩子会希望母亲陪伴他 / 她入睡呢？

和母亲一同入睡的孩子，会一再地确定母亲的存在。如果醒来发现母亲不在身边，他 / 她便会开始哭闹。而对一个人睡觉的孩子来说，独自入眠对其好处颇多。夜间即便他 / 她能意识到母亲不在身边，也完全不会进行寻找，找不到时也不会哭闹。

上述的情况同样适用于晚间哺乳后入睡的婴儿。当然也有例外，有些婴儿会挺直身体抗拒每天临睡前的哺乳。我们应当做的，就是趁他 / 她吃完奶清醒的时候将他 / 她放在床上，否则，如果他 / 她在哺乳时睡着，醒来时发现自己独自躺在床上，便会失落沮丧。明白这一点，对母亲来说十分重要。

我们或许会冷静地思考，是否不该让婴儿睡在我们的床上，他 / 她是否会因为在那儿享受到了家庭温暖而更不愿分离。不过，这种担心完全没有必要，因为我们越多次地满足孩子对于亲近、爱与温存的基本需求，他 / 她会在日后越早、越安心地睡在自己的床上。

即便是一到两个月大的新生婴儿，他们的睡眠问题也会常常令父母精疲力竭。

晚间，有些家庭会上演一场真实的“晚安剧”。从孩子的视角来看，过程大致如下：孩子在享受完最后一顿晚餐之后，便被抱上了床。当这一变化发生时，他 / 她时常会不知所措，用哭闹来抗争。所以，如果孩子开始哭闹，父母无须惊讶，孩子只是想知道，自己是否待在了他 / 她所认为的合适的位置，是否会对某些东西产生恐惧。相反，如果父母因为心中不舍再次抱起他 / 她，给予他 / 她一系列的安抚行为，则会让孩子喘不过气来，同时他 / 她会惊讶于父母对他 / 她的情绪缘由的想象。孩子会对父母的所有行为尝试着进行分类，以此推断出：“如果我躺在床上哭闹，那么便会得到一些满足，比如吮吸到奶嘴或母亲的乳头，父母会抱着我在楼梯上来来回回地踱步，还可以坐车兜风呢（父母会在绝望中倾其所能）。”显然，以上的做法实际上会令孩子不知所措，他 / 她更为烦躁不安，得不到片刻的安宁，甚至无法入睡。孩子至此几乎体验到一切可能，却独独少了他 / 她所需要的安全和保障。所以，我们应该怎么做呢？

如果婴儿一睡觉便开始哭闹，那么就给予他 / 她保障，让其明白自己待在了正确的地方，在这里他可以不受干扰，安静地度过整个夜晚。一旦婴儿可以扭动身体，并开始在小床上活动，建议您给他／她套上睡袋，这可以给予他／她安全、保障以及支撑。孩子的手脚得到的支撑越多，他／她便会越安心。相反，如果他／她舞动的手脚碰不到任何支撑的东西，裸体的状态便会引起他／她的恐惧感。

安静地把孩子放在床上，同他／她轻声说话，并轻抚他／她，通过这些方法来安慰哭泣的孩子。过一会儿（并不是指一个小时后）向他／她解释您相信他／她可以独自安静地睡觉，然后离开房间。孩子也许会一直喊叫，您得允许他／她继续叫三分钟左右，这对孩子来说毫无损失。这时，您可以回到房间，重复性地安慰并轻抚他／她，告诉他／她一切安好。过一会儿您得再次离开房间，并向孩子暗示自己对于他／她的信任，确定他／她可以安静地睡觉了。毫不间断地重复这一过程，直到孩子安静下来。

整个过程不要动摇，给予孩子所需要的安全和保障即可。

9.4 反抗是有条件的

孩子在两到三岁间进入反抗阶段。这个年龄的孩子向成熟迈进重要的一步，这一步同所有的步骤一样（例如青春期），以**情感的波动**为特征。孩子作为独立的个体开始认识自己，他们的内心感受到了极大的冲击，努力地处理失望与冲突的情绪。现在，他们最常用的词就是："自己！"简而言之，这意味着孩子长大了，愿意检验所有大人要做的事。他们开始模仿大人，变成了一个独立的个体。

孩子检验着自己的力量，当然也在找寻着自己的界限。为了弄清界限，他们必须在所有可能出现的情况中反复勘查和试验。对父母来说，评估孩子的能力并非易事。但父母要明白，孩子发展中的"**试错**"过程是一个必要发展步骤，而非错误的行为。如果我们明白这一过程，那么，当孩子表现出"叛逆"时，就不会焦虑与发怒。

尽管孩子努力地去实现自己的愿望，但他们仍会经常受挫，并且常常由于感受到自己的无能而导致反抗的发生。如果我们接受并了解孩子的感觉，便会明白这时的孩子既不需要惩罚也不需要责备，而是需要大量的理解、爱和明显的界限，这些都能给予他们支持感和安全感。

其实，孩子的反抗并不是针对父母，更多的是针对自己。在这个过程中，我们需要付出极大的耐心来帮助孩子，使他们最终走向独立。**现在对于孩子来说，独立寻找自己的界限，找到自己完成和未完成的东西十分重要。只有当他们需求帮助时，我们才能施以援手。**

但是，在我眼中，反抗是有意义的。我认为这是孩子的一次自我修正。土著是不了解任何“反抗阶段”的。我不禁自问：其他人也会如此吗？这几乎是不可能的，因此我研究出一条理论，即反抗是孩子针对自己的一次修正。孩子会产生这样的想法：“这次出了一些差错，我必须掌握自己的发展。”他 / 她想自己作出决定，以便实现最佳的发展。因此，他 / 她会不断地展现“自己”！

我的孩子在叛逆期并没有表现出任何的反抗。很多父母参照我研究的敏感期理论去照顾孩子，事后给了我正面的反馈，他们的孩子也不会进行反抗。

9.5　坚定性——关键

日常教育中，另一个令人烦恼的主题就是**孩子永远会要求吃甜食**。即便这在和孩子一同玩耍的伙伴中十分普遍，但很多父母还是会因此向孩子“宣战”。

我们可以立即向孩子解释，什么时候可以吃甜食，什么时候不可以。当谈及美食，如果我们拒绝给孩子吃甜食，就很少有孩子会对这一决定感到满意。我们应该十分清楚地告诉孩子：

“现在绝不会给你甜食吃，如果你不听话，和我胡搅蛮缠的话，那么整整一周你都吃不到了。”

坚定性是教育的关键。当孩子明白您所说的“不许”，就是不许，并且胡搅蛮缠后也得不到任何同意，那么，您就无须再强硬地威胁。孩子天生就明白界限的临界点。如果我作出让步，那么会引起孩子的矛盾情绪。经过长时间的胡搅蛮缠，孩子会认为这里的“不许”并不是真的带有否定意味。如此看来，这种教育方式是不可取的！孩子在这类事上有着极为明显的天赋，若论博弈，我们几乎不可能战胜他们。因此，您得挫败他们的计划，将威胁上升一个等级。那么，孩子很快便明白自己的目的是无法达成的，反之，可能遭受别的“损失”。凭借此种方法，我们可以免去以下的麻烦：无数次地重复“不许”，最后筋疲力尽或者威胁也失去应有的作用。

12

孩子需要什么

- 父亲的意义
- 父母的替代品——爸妈石
- 榜样
- 自决的权利
- 时间的权利

10.1 父亲的意义

神经化学研究发现，催产素的值数与爱、信任以及安静的环境有一定的联系。而父亲，也对催产素的生成起到重要甚至决定性的作用：男性对于伴侣和孩子的照料会增高催产素值，同时降低高睾酮值。催产素值的增高会减少人类和动物的愤怒，增加对于同类的信任感。它因此促进了社会的交流。

人们在两种同族的田鼠——实行单配制的草原田鼠和实行多配制的山地田鼠身上做了一项有趣的试验。草原田鼠会同伴侣共度一生，公母双方都会以相同的方式照顾后代，都遵守单配制。与之相反，山地田鼠实行多配制，被视为好斗的独行侠，不会照顾后代。不过，如果给忠贞的草原田鼠注射一剂阻断剂，用以关闭催产素的受体，那么它们的行为便会出现翻天覆地的变化，与不忠的山地田鼠行为类似。此外，如果在遗传中混入抗利尿激素受体的基因——同催产素相似，那么山地田鼠也会实行单配制，并会一生信守忠贞。

父亲的参与在这一层意义上具备决定性的作用。我们可能会自问：先有鸡还是先有蛋？但是这一问题毫无意义可言，因为我们永远不会找到答案。自然界中的万物一直都在相互作用、相互影响——这是一个共有的体系：铜山西崩，洛钟东应。一方面，催产素会使父亲更加友爱、周到、温柔且耐心地同孩子打交道；另一方面，当父亲照顾孩子，将他 / 她环抱其间，进行眼神交流，轻抚他 / 她，安抚他 / 她，安慰他 / 她以及同他 / 她玩耍时，都会增加催产素，这会再一次促进父母的照料。由此，会实现真正的良性循环。即便同孩子交流有困难，父亲们也应当做出一切尝试——余下的结果会自行出现。

请您同孩子建立一段关系，千万不要等到他 / 她已经会跑、会踢足球时才开始。同父亲之间初次建立的一些联系和在母亲那儿的一样重要，一样令人印象深刻，并且如上文提到的那样，会发生相互作用。这些同父亲建立的关系会持续一生并影响一生。倘若这层关系非常脆弱，或是从未建立，那么也会对孩子的一生产生影响。在我们所处的这个时代，建立关系、保持关系愈来愈重要。因为在我眼中，注视身边的人，同他 / 她交流，观察他 / 她，感知他 / 她，理解他 / 她，共情他 / 她的情绪，同另外的行为完全不同，譬如盯着毫无灵魂可言的屏幕、智能手机或者不停地接电话。如今，我们面临着很大的危机，我们虽然身处与整个世界的联系之中，却不再关注我们的后代。这样的世界变了味道，失去了灵魂，将会毫无希望。

随着观察时间的增长，我越来越发现，新一代的家长中存在以下情况：父母们将孩子带到我们的培训班，然后便做起了“甩手掌柜”，长时间坐在长沙发上埋头“钻研”手机。如今，他们并不珍视同孩子之间的交流，而是逃得远远的，完全处于事不关己的状态。他们因为某种原因带着孩子来我这儿，却并未在这一过程中陪伴孩子，观察他 / 她，满足他 / 她的需求，为他 / 她朗读小绘本，哼唱小曲，即便只是简单的到场也做不到。他们逃离了应有的做法，即使人在，注意力也没有放在孩子身上。这样，孩子的进步和他们一点儿关系也没有。在我眼中，日新月异的交流工具是影响亲子关系的最大的挑战。

我们所有人几乎都会同几个月大的婴儿进行互动，并对他 / 她的模仿行为感到着迷。看到我们伸出舌头，婴儿也会伸出自己的舌头。他 / 她一丝不苟地观察我们，模仿并演示着我们的一切行为，这从出生第一天起就开始了。日后，当我们用舌头啜出声音或通过嘴唇制造响声时，婴儿都会对此着迷并尝试着模仿。我们脸部的每次轻微活动都会被学习和演示，这也意味着，哪些微表情表明了爱、高兴和喜好，哪些表示着危险、威胁与伤痛，都会被逐一识别。读懂并辨识这些细致的符号是极其重要的。

孩子天生具备好奇心，他们必须勘察、打探出一切。有时候他们的行为也许对父母来说很过分，但暂且不管他们的行为，都先不要急着评判。爬行的孩子其实非常清楚地知道，音响、花盘、电视线或某些令人兴奋的东西都不应在自己的考虑范围内，也就是说，如果他们将这些东西变成自己智力发展的对象，父母会非常生气。父母试图用尽一切方法，迫使孩子放弃自己的计划。他们也许会生气，然后大声吼叫、责骂孩子或者直接上手，孩子的小手便遭了殃。我常常听到父母说："他 / 她其实知道自己做错了，事后还坏坏地笑！"父母将这种笑声视为挑衅，这是一种完全错误的解读。如果是大孩子或成年人作出这种反应，那可能是表示挑衅，大多数时候和不安全感有关，孩子这样笑则和反射神经有关。孩子察觉到父母的失望、愤怒或生气时，想要他们平静下来，并与他们和好。因为父母的好心情也会使孩子舒服很多。同婴儿伸舌头一样，当父母做出演示时，孩子在这一刻也会用同样的方式进行模仿。孩子根本无意挑衅父母，恰恰相反，他们想要父母保持友好态度。

我们也轻易地误解了孩子的其他表达。我们应该明白，自己对面的这个孩子总是引发一些事儿，而这些事儿的真相并不如我们所看到的表面的样子。我们以为对一切了如指掌，知道事情的重要程度及脆弱程度。当对方未能作出合适反应时，我们会觉得受到了刺激，或者因此受伤。正如当我抱怨自己的上司时，同事只是对我同情地咧嘴而笑，拍着我的肩膀说：“一切还不算太糟。”这就撩动起我的受伤感，这些评论丝毫不会起到安抚作用，相反会加重我的郁闷程度。

综上所述，我们明白，婴儿经常看到父亲的脸庞是多么重要！由此他们学会读懂父亲的表情。当父亲从一开始便承担起保护、照顾婴儿的责任，亲吻、拥抱他/她，同他/她玩耍，将他/她抛向空中又骄傲地接住他/她，这样父子/父女之间便会在充满信任的基础上建立起牢固的联系。父亲的激素平衡发生改变，同伴侣以及孩子的交流也会发生变化。因为在当今社会，父亲不必扮演捍卫者或保护者的角色——不再进行“战斗”，他们能更多地投入对后代的保护和照顾中去，这对家庭，甚至对社会都是有益的。父亲转变角色的次数越多，效果就越好。这样的家庭与其特定的需求越来越受到重视，甚至会影响到政策的改变。充满责任感的父亲甚至会降低离婚率呢！

10.2 父母的替代品——爸妈石

很多人会提前向我询问关于宝宝所有可能出现的问题，咨询我的建议并向我寻求帮助，比如：

我的孩子如何才能更愿意待在其他照料人身边？

有没有好的方法，让孩子更容易地参与集体游戏或去幼儿园？

儿童身上最常见的问题是：**他们想和爸爸妈妈待在一起。**众所周知，婴儿在出生时就形成了亲密关系，尤其是和母亲之间的关系。母亲以自然的方式成为孩子身边最重要的人，她是孩子自然的“人寿保险”。父亲则屈居第二位。但是，他不像母亲那样了解自己孩子的需求，知道如何保障孩子的安全。大自然相应地为母亲配备了必要的传感器，并由“身体里的神秘物质”和激素进行控制，以此同孩子协调一致、保持共鸣，其中最重要的就是催产素和催乳素。大自然负责将孩子和母亲联系在一起，以便确保其可以生存下去，这也使得母乳做好满足婴儿需求的准备。只要孩子待在母亲身边，他们的安全便能得到最好的保障。从生物学角度来看，母亲在孩子身边占据了最重要的位置。孩子不想失去同母亲之间的联系，所以如果出现认生的情况，即孩子刻意同他人保持距离的话，这都属于自然现象——毕竟关系到了生存。正如上文提到的，父亲能做的还有很多，孩子需要努力地接受他之后，才会将其视为“生命担保人”。

灵长类动物是人类最近的邻居，在它们的世界中，雌性会将孩子背在身后，时间长达一年之久。孩子会用手脚紧紧地抓住母亲的皮毛，倘若一时没抓牢，它便开始哀号，这样母亲便停止行动，以便孩子可以再次抓牢自己。在人类的文明中，我们对于孩子的期待恰恰相反，所以，这一养育模式也对现代社会的孩子影响甚微。他们从小被不同的人照料，就算稍有差池也不会叫嚷。正如上文所述：**如果孩子从小就得到不同人的照料和关心，那么对其成长大有裨益。**不过，精心做好准备、满足孩子需求的照料人至多不能超过四个。如果婴儿起初只同母亲有接触，那么当母亲几个月后再次工作，将照顾他/她的一部分责任转交给其他人时，婴儿肯定会出现问题。

孩子在受到他人照顾时，可能会哭，这不能看作是错误的行为。我在这里给大家提供一条不错的建议：拿出一条您随身携带、沾染了您的气味的小帕子，将它系在孩子身上或是放在孩子的床上。

通过这种方式，孩子至少能感知到您的气味。孩子的大脑会将这种令其信赖的亲切气味记录下来，仅凭这个，就能使孩子安静下来。

当孩子年龄大一点，到一岁或者更大时，您就可以用到**“爸妈石”**了。石头散发着我们所有人熟知的一种魅力，孩子们喜爱石头，最普通的那种也为其所爱。您可以独自一人或者和孩子一起寻找一块平整的、可以很好地握在手中的石头，然后，当着孩子的面，用一支彩色记号笔在石头上作画。这幅画不一定要很精致，只要看上去有眼睛、鼻子、嘴巴、耳朵和头发就足够了。这时，您可以对孩子说：“你看，这是妈妈。”孩子很清楚，这是妈妈——尽管这时您只是第一次这样作画。父亲可以用同样的方式在石头的背面画出自己的脸，并告诉孩子：“这是爸爸。”——尽管两幅画相差无几，但还是有所区别的，孩子也会分清楚。您当着孩子的面将石头放在合拢的双手间，亲切地同它说话，可能还会唱首歌给它听，您可以做任何可以想象得到的事。这一切孩子都能听懂。之后您将石头放在桌上，工作时带着身边，这块石头甚至可能沾染到您身上的一丝香水味。吃饭时，您将石头放在桌子中间，同它说话，将它纳入日常生活。爸爸也要做相同的事儿：带着石头工作，将它放在胸口，给它讲故事，等等。

当孩子在（外）祖父母身边睡觉，由他人照管或是在人群中玩耍时，便会得到这块“爸妈石”并将它放在口袋里。孩子由此知道，爸爸妈妈一直陪在自己身边。当他 / 她将手伸进口袋时，便感觉到父母好像陪伴在左右。他 / 她还可以将石头取出来，观察它，同它说话、游戏玩耍。这块石头会让孩子更容易地放松自己，更容易感受不到寂寞。

甚至还有这样一个家庭：父亲是一位一直活动在各大田径场上的职业运动员，常年在外。女儿对父亲有着强烈的情感，希望他在差旅中随身携带“爸妈石”。父亲回家时，都会一直将石头放在相同的位置。当小女孩第二天醒来时，首先便会察看父亲是否随身携带了它。父亲曾经有一次忘记将石头带回，这对小女孩来说简直伤心欲绝。

这块石头吸引了孩子的注意，无异于一剂良药，从此孩子便能更好地管理、掌握自己的生活。对孩子说“你不必感到害怕”“妈咪会来接你的”“你现在是个大孩子了”“奶奶 / 外婆会好好照顾你的”“我一会给你带块巧克力”等，都比不上帮助孩子独立以及学习如何自助。

- ☑ 注意孩子的感官感觉。
- ☑ 帮助孩子学会自助。

10.3 榜　　样

谈吐不凡、能言善辩、抑扬顿挫、言辞凿凿且可舌战群儒，这些都是较之以往，在今天更受欢迎的标志。言辞谈吐不凡之人坐享高位，深受追捧，颇得器重，实在令人钦佩不已。言谈占据了如此重要的位置，而媒体尤其具备了这一特性，不论是单纯的文字传播，还是配图说明，它都能在全世界范围内传播每一句话。言辞洋洋盈耳之人，拥有被选择的好机会——他 / 她是否会用行动去兑现所说的话，这在之后几乎不会引起任何人的兴趣。不过，我们必须明白“言多必失”这个道理。我们应该拥有更多倾听内心的时间，感受我们心灵的声音，尽管它常常被外部的东西所盖过。心灵之声需要宁静与缄默，内省与悠闲，而置身于这个忙碌世界的芸芸众生，却似乎不再拥有这样的权利。

必须同孩子打交道的人，应当一直让自己和孩子享受宁静与悠闲。孩子必须经过反复适应，学会全神贯注、辨识方向，找到属于自己的路，并重新安排时间。涣散的精神、散漫的举止都证明他们找寻不到任何的宁静，只会忙碌地从一个活动转向另一个活动。也可以这样说：正是因为我们把孩子从一个日程点赶向另一个，才使得他们找寻不到任何的宁静，从而迷失方向，举止散漫且不再专心致志。我们承担了照顾年轻人的责任，他们是社会的映像。当我们认识到这些不足时，责备他们是无济于事的。我们必须向其传授其他的价值，为孩子树立一个更好的榜样。

10.4 自决的权利

我们在分析普遍的教育形式时，会发现相似的模式：我们剥夺了孩子自决的权利，利用自己的职权，在言语上暗示他们做这做那。倘若我们少说点话，用自己的行为唤醒孩子的仿效本能，麻烦便会少许多。滥用职权、持续地发出命令和要求只会使孩子产生以下的想法："我的举止有误，这样会引起父母的反感。"由此，孩子会变得执拗、抗拒且难以驾驭。如果我们想要强迫其听话，那可打错如意算盘了。孩子的意志十分坚强。如果我们打破了这些意志，孩子也会被我们毁掉。所以**做父母的，应当给予孩子更多自决的权利，唤起孩子主动仿效的意愿**。

有一个例子应该可以显示自决问题的棘手程度，告知我们应当如何正确地采取行动，以便在合适的时间点上，将决定权转交给孩子自己。当孩子在夜间哭泣时，我们必须起床安抚他？这时得让孩子自己决定何时安静。我们可以告诉孩子："宝贝，告诉我，你什么时候会自己安静下来，不再需要我的安抚？你知道吗，爸爸 / 妈妈也很累，好想上床睡觉啊！"

如果我们自己决定离开的时间点，那么过不了多久，孩子便会再次用眼泪来威胁我们。反之，如果我们决定相信孩子，那么我们便能很快地回到床上，不会过两分钟就被孩子再次叫醒。

此时，婴儿已经能够用行为来传递自己的情绪，表明自己不需要父母的安慰。参加我培训班的母亲们用亲身经历证明了以上这一点。上文提到，有些孩子一到晚上便会一直折磨父母，这种方法甚至在他们身上也取得了成功。孩子在被允许自己作出决定之后，会突然一连睡好几个小时，父母每天晚上也不必再起夜了。如果我们已将决定权转交给孩子，引导其学会自决（父母在此期间做到不能妨碍其自决），那么到了年龄更大时，或是在少年时期，孩子便会独立找到解决问题的方法。

今天，社会上有那么一群年轻人，他们做事漫无目的，追根溯源，正是童年时期的经历使得他们无法承担自己的义务和责任。**我们的义务在于使孩子自己完成他们的任务。拥有任务意味着看到生命的意义，意味着我们为人所需要。**

很多年龄大的人之所以丢失了自己人生的意义，是因为他们不再被需要。一个年轻的、努力的人是多么需要任务啊，这会赋予人生以意义！清除孩子道路上的麻烦，是错误的做法。当孩子发现一条石头铺设的、平缓的新路，在那里什么也没找到，也没有什么磕磕绊绊的东西，他/她应当如何尝试解决困难呢？我曾在《明镜周刊》上读到这样一句话："孩子拥有擦伤的权利！他们必须玩耍、嬉闹、敢于冒险——有时还得撞个鼻青脸肿。"只有这样，他们的身心才会得到健康发展。因此，家长不应将孩子捧在手心里。

孩子在跌倒时，会自己爬起来。当我们将他/她抱起来放在脚边，他/她可不愿意了。只有经过自己的努力达到目标，才会产生真正的满足感。我们应当更多地学会让孩子自己摆脱困境，也就是说让他/她独立，而不是给他/她援助。我们必须控制自己的保护本能和过度关心，这样孩子才可能学会自己做事，变得坚强，充满信任地看待未来。

孩子一旦拥有机会，便会全面地认识自己。他/她比大多数成年人设想得更为鲁莽，当他/她摔过一次跟头，碰了头，倒在某处时，这些便都成为他/她人生的教训。通过这些经验，他/她认识到了自己的极限。疼痛并不总是负面的，因为传递疼痛的神经系统保证了我们的生存，疼痛也是孩子必须积累的经验，没有疼痛便不算生活。

为了避免疼痛，很多家长会选择保护孩子，可这夺走了孩子相应的体验机会。是您，降低了他 / 她的自信心，使得他 / 她纵然多次绊倒、摔跟头，还是习惯不了自己独立行动。孩子不仅因自己的脚绊了跟头，还会因生活中的各种要求和坎坷而跌跌撞撞。只要我们没能自如地处理好自己的恐惧，给孩子增加负担，那么，我们就会像绑在他们腿上的沉重的沙袋一样，阻碍他们的前进。

孩子靠自己的力量得到的东西，才会成为真正的现实。当他 / 她明确想要某些东西时，我们只应给他 / 她提供协助，因为他 / 她必须靠自己解决问题。比如，靠自己的双手将所有积木堆建成塔，完成从剪粘到上色的所有过程，这才会体验到真正的满足。我们应当一直等待下去，直到孩子自己向我们寻求帮助，这样我们的插手才符合期望，也更为合适。

精神工作亦是如此，**让孩子自己思考、得出结论才是更好的选择。**我们可以给予孩子启发，提供小小的帮助，但绝不能给出完整的解决方法。当孩子独立探索时，这一过程不仅会更有趣、更激动，而且对其发展也更有效。孩子将不会忘记自主完成工作的过程，并且每一个思考过程都会对下一个产生启发。

一般来说，**如果孩子发出提问，反问比给出答案要好得多，因为答案会再次引出问题，这样便永远无法结束这一话题。**当你采用启发式的协助措施，孩子便开启了探究式的学习模式，会更仔细地倾听和研究，而不是只获得一个固定的答案，这些答案会禁锢孩子的想法。

当孩子问我：“妈妈，地球是圆的，这说法对吗？”

我可以回应他／她：“你是怎么想的呢？”

孩子一定已经深入研究过了，并且动脑筋设想过地球圆圆的形状。随着年龄的增长，孩子或许会问：“不，我认为地球是平的。”这时我可以继续询问他／她这样想的原因。孩子也许会这样回答：“地球肯定是平的，否则另一端的人会从空中掉下来。”到了合适的年龄，我便可以借助一个球向他／她解释：不同的人对应着不同的角度，对于“下方”的感觉一定也是不同的。然后让孩子跳起来，当他／她落回地面的同时，会注意到地球的“引力”。如此便会发展出一段令你们双方均回味无穷的对话，但这一切发生时，您似乎只是很简单地回应了一下。

10.5　时间的权利

在照顾孩子这件事上，我们要明白“欲速则不达”的道理，孩子拥有大把的时间，重要的是，他 / 她也有权拥有这些时间。那些忙于工作，路上几乎一直盯着手表的人必须意识到，一旦得照顾孩子，就必须学会以不同的方式处理时间。孩子需要时间。

当孩子在路边瞧见一朵野花，同它说话的时候；当他看见一只慢慢蠕动的蜗牛时；当一只蚱蜢恰好从路边跳起，孩子蹲下身子等着它再次起跳，或是将它抓住，想要放在手中时……这些事儿都需要时间。孩子不明白一旁的母亲正忙着赶那辆十分钟后就会开走的公交车，不明白母亲还得继续买东西，不明白十二点得坐在桌前吃午饭的惯例。

当然也会有这样的时刻，我们将孩子背在背带上或将他 / 她放进童车，以便节省时间，完成最需要完成的事。然而，可能这时我们也并没有什么急事儿，**没有什么比给予孩子时间以及探索、认识他 / 她的世界更为重要的事了**。如果我们做到了等待，那么这段经历对成年人来说也十分有益。忽然之间，我们再次体验到孩子的小小的世界，它是如此令人满意和充实，只需要很少的时间便获得很大的快乐。孩子可能因一辆路过的邮政车而突然欢呼雀跃，可能因瞧见椅子上有瓢虫而欣喜若狂。对此，他 / 她只需要被理解以及和所爱的人共度美好时光。

如果孩子在玩耍，那么他 / 她之后便需要时间，以便从自己的游戏和幻想世界中走出来，进入我们的现实世界。这意味着我们必须及时地注意孩子，注意他 / 她中饭吃了什么，注意结束游戏的时间，注意他 / 她必须准备好去看看爷爷奶奶。**孩子必须拥有从幻想重回现实的时间**。如果我们突然将其从游戏世界中叫出来，等着他 / 她在同一时刻停下手中的游戏来听从我们的通知，那便是不重视孩子及其活动的表现，这也会在日后招致孩子的抗议。

我们将时间让给孩子完成游戏，这才是认真对待他 / 她的表现。毕竟没有人愿意放下自己手中的一切，转而遵循他人的意见。其他活动亦是如此，譬如阅读。当我忽然在这一页停下来，对他 / 她说："好的，现在我们看完了，快去睡觉！"可孩子仍旧沉浸在故事的世界里，这样突如其来的打断一定会引起孩子的不满。当我提醒孩子，将这页图看完或读完那页书之后我们会停下来准备睡觉，孩子便会适应此种情况，也不会突然从幻想中猛地回到现实世界。

如果我们毫不吝惜地积极利用孩子小时候的时间，那么这便会成为其一生中最幸福的时光，从前的自由，我们放弃的前途，因照顾孩子而不常接触朋友的现实，以及在工作中享受到的威望，都会成为过眼云烟。在这段时间，帮助下一代才是您人生重要的任务，我们需要培养他 / 她拥有坚韧的性格，帮助他 / 她逐渐发展成熟。

后　记

自首次问世以来，这本书在“脱去尿布”上就下过一番苦功。我清楚地记得，当我为“脱去尿布”法发声时——当时我提到了清洁教育——人们看我的眼光多么古怪。没有人相信我。一位女医生事后向我袒露，她在现场听我报告时，可是一个字也不相信的，因为她完全未将新生儿早已具备的能力视为可行之道。她那时正怀着孕，女儿出生时，她却十分地好奇，不久后抱着尝试的心态为其把尿。自然，在她清楚地看到发生的一切时——现在，不得不赞成我的观点了。

一些我先前可以联系到，并且开始给孩子把尿的家长，虽然认同我的方法，但常常无法在他们的生活圈内谈论“脱去尿布”法。这些家长无一不遭到了质疑。一位已经成功给孩子把尿的母亲曾向自己的儿科医生提及我的方法，医生却责怪她，让她停止再说这种“无稽之谈”。这位母亲虽然服从了，但在事后十分懊悔。在孩子一岁的时候，她哭泣着向我了解现在还能做些什么，以便继续给孩子把尿。

“脱去尿布”这一讨论引发了人们剧烈的感情波动。人们要么支持，要么反对——几乎没有中立派。这再次表明，这一主题深深地触动了我们的内心。一旦涉及孩子，我们便会立刻情绪化，极易遭到伤害和影响。所有人都变成专家，认为自己知道什么是最好的。所以，清洁问题最终成了禁忌的话题。

尽管有令人信服的论据和事实，但很多妈妈会说：“我没有真正地相信过。”我认为这次讨论中最大的问题在于，我们的社会几乎没有相关的图片可供“脱去尿布”清洁所用。毫无疑问，我们缺少的正是范例。这得益于尿布广告，我们的新手妈妈只知道穿着尿布的婴儿。因为眼前的景象如此美好并且令人信服，事实也不容辩驳，人们便不愿意对这一切进行更深入的解析。图片上，那些穿着尿布的婴儿深深地扎根于我们的大脑，这种影响更为有效。迄今为止人们的讨论主要集中于“使用哪些尿布”，而不是对“尿布用还是不用”提出疑问。

然而，逐渐地，先前的图片渐渐分崩离析，很多母亲尝试起了“脱去尿布”法并愿意开创出一条新路。社会正进行着一次范例转变，母亲们想开辟一条更为自然的道路，发现一种更为自然的教育方式，也更加信任自己的本能。她们向前进了一步，将一些信任的人和所爱的人说的话丢在身后。我只能恭喜她们，实际上，母亲们是为自己、孩子以及家庭收回一次自决的机会。这情形让我想起了河床改造，人们努力将其改直，从下边开凿地道，以便使用。然而大自然在进行回击，将革新者变成了失败者。凡是先前去自然化的地方现在都重新回归自然。因此，很多人开始了一个重新自然化的过程。

使用德语的地区俨然已经对此创下了一番“伟业”，甚至出现了尿布衣。中国孩子不用尿布，而是穿“开裆裤”，这使得家长可以快速地给孩子把尿，不用像之前一样麻烦地解开尿布。思想进步的母亲在这一领域上相当主动，以至于我们这儿已经有了一些建议。母亲们在“脱去尿布论坛”上相互交流，互相提供观点和意见，并联合创建兴趣小组。“尿布教练”的培训业已开始开展工作。近日，《小儿泌尿外科》杂志上刊登了一项来自瑞典的研究，内容涉及“脱去尿布”的清洁。研究中，科学家在越南观察了 47 个母亲和孩子的传统清洁行为。正如我在书中所写的那样，这些孩子会给出信号，在九个月大时便会去便盆上排泄。我个人的研究（参见网站www.rita-messmer.ch）也在媒体上获得巨大的反响。“脱去尿布”已被社会慢慢接受，我们不必再缩手缩脚地谈论它了。

自《你知道如何培养孩子的自信和独立吗？》第一版问世以来，很多父母尝试了此种方法并大获成功。想必您也看到了，婴儿什么都会，他／她是多么轻松地克服了危险，又是多么自如地与人交流。这仅是冰山一角。孩子对世界充满好奇——如果父母也同样好奇地研究孩子的世界，那么这就是良好交流的最佳基础，也是有效互处的重要基石。

结　语

我们必须再次学会听从自己的本能。孩子的天性被设置得如此完满，我们的干预越少，他们便能从根本上得到越好的发展。婴儿会告知我们自己的需求，仔细观察便能了解他们所需要的东西。

婴儿的自信心被阻碍的次数越少（在这一感觉下他们能正确行事），他们便能更好地在周围环境中培养信任感和建立亲密关系。如果我们回归自然，再次相信天意，并能献身于此，那么，今天大多数常见的与孩子有关的问题都会顺利地得到解决。也就是说，它们将不会再次出现。因为忽视了天性的意愿，所以我们自己才是问题的始作俑者。

常有家长问我，如果孩子仍会吃地上有毒的植物，如果他们仍会将橱柜中的陶碟扔到地上或墙上，现在又会是什么样子呢？这些家长对孩子怀有极深的不信任感，蒙受的负面印象太严重，而这一印象正是他们在拜访朋友、同事、邻居时，观察到孩子的不当行为而产生的。

当我们给孩子以照料、温情、抚摸和按摩，将其带在身边，慈爱地同其说话、为其唱歌时，便是名副其实地向孩子传授关于爱、安全感等“软件记忆”了。孩子将这一“软件”储存起来，并可随时将它召回。它为孩子同世界的关系奠定了一个良好的基础，这种关系受到爱的能力、智力、创造力以及理解力的影响。当孩子出现了违背成人意愿的行为，一个简短的解释或反对就足以阻止孩子的所作所为。任何惩罚、禁令、威胁都是画蛇添足。孩子已经体验过安全、爱、自决、自我责任和理解的感觉，能从本能上感知到：什么受欢迎，什么违人心愿。因此，他们会在本能上做出为他人所期待的事，并将自己发展成为一个合格的社会人。

根据我的经验，深深懂得孩子并满足其最深层需求的教育会产生一种良好的社会行为，这种社会行为不需要任何言语，不会在孩子身上唤起反对或拒绝的情绪，这时的孩子是愿意合作且言听计从的。只有当我们的行为不符合孩子的要求时，才会迫使孩子进行反击、愤怒抗拒，以此提醒我们所作所为的错误性。正是我们不当的行为迫使孩子变得反社会、不合作甚至精神错乱，我们应当将这一认识牢记于心，不要随意摆弄孩子，而是当问题发生时就检讨自己的行为。

害怕宠坏孩子的人，只会让大家都变得灰心丧气，并会将孩子引向一个恐惧、错乱、冷漠、无情以及为权力所控的世界。这类人的愿望清单毫无止境，他们长期在父母的期待里忍受生活，这些期待是他们无法或不愿实现的，却往往会终其一生被父母的期待所控。父母常常坚信自己是在尽全力为孩子办事，事实上，一旦孩子拥有自我发展的机会，便会自我定型，也将具备发掘潜力并实现愿望的能力。

让孩子来引导您。只有了解，才能让您对他们以及他们的生活作出正确的评价，孩子的需求才能得到满足，才会收获爱、时间以及理解。请您想一想：爱，由爱而生；恨，亦由恨而起。

我的女儿米歇尔五岁的时候曾对我这样说："妈咪，你知道吗？我抚摸史蒂芬的次数越多，他回应我的次数也就越多。"我们已将这样一个简单的至理名言牢记于心，当挥手打骂孩子时，尤其要记住这点，这样便不会伤害到孩子的尊严，同时也维护了自己的尊严。

如果您注意到孩子的想法、处事以及立场，便会看清其精彩之处并为此惊叹。当然，孩子也会注意到您以及其他人的想法、处事以及立场。您的孩子是一个独立的个体，如果您给他们机会，他们也会发展自己。向他们表示尊敬，那么他们也将“以彼之道还施彼身”地尊敬您。

我希望所有人都能成功地踏上这条路！你们所有人都给予了这个世界新的机会，这是一个没有暴力、仇恨、威胁、指责、喧嚷以及专制的新世界。你们用爱、理解、责任、安全以及沟通铺平了这条路。

孩子接受了我们的一切，我们也因此接受了他们的一切。

你们的孩子，都不是你们的孩子，
乃是“生命”为自己所渴望的儿女。
他们借你们而来，却不是从你们而来，
他们虽和你们同在，却不属于你们。
你们可以给他们爱，却不可以给他们思想，
因为他们有自己的思想。
你们可以荫庇他们的身体，却不能荫庇他们的灵魂，
因为他们的灵魂住在“明日”的宅中，
那是你们在梦中也不能见到的。
你们可以努力地模仿他们，却不能使他们像你们，
因为生命是不倒行的，也不与“昨日”一同停留。

——哈里利·纪伯伦《先知》

致　谢

谨以此书献给我的三个孩子：西蒙娜、米歇尔和史蒂芬。你们总是会给予我新的鼓励，给我提供新的灵感，也常被我用作“试验品”。为了传播想法，妈妈我时不时要同许多反对的声音作斗争。你们每天总能恰当地用令人鼓舞的眼神、满怀爱意的方式以及善解人意的态度激励我坚持不懈地做下去，并且证实了我所著论文的正确性。我感谢你们对必须与电脑共享妈妈这件事的理解。史蒂芬和我在桌前一坐就是好几个小时，在我腿上度日也是常有的事，他的关心使得我在写作时也不会丢下对孩子的爱意。

身为研讨会和培训班的总指导，在漫长的职业生涯中，我还要感谢所有参与过的家长，他们的疑问、孩子的问题以及无数的反馈都给我提供了新的鼓励。关于孩子和父母的论文使我产生了愉悦感。我的孩子们现在已经成长为三个成熟的大人。我可以在此自豪地说，孩子们早就向我透露，他们也会对自己的孩子做同样的事情。作为一个母亲，这是对我最大的褒奖了。

最后，我要将最大的谢意献给我出生的家庭，我从未在此受到任何谴责，而是收获了无条件的爱。我所接受的教育充满理解、考虑周全，这使得我能尽量地忠于自我，得出属于自己的结论并获得全新的个人认知。